KÖNIGS ERLÄUTERUNGEN
Band 270

Textanalyse und Interpretation zu

Gerhart Hauptmann

BAHNWÄRTER THIEL

Rüdiger Bernhardt

Alle erforderlichen Infos für Abitur, Matura, Klausur und Referat
plus Musteraufgaben mit Lösungsansätzen

Zitierte Ausgabe:
Gerhart Hauptmann: *Bahnwärter Thiel*. Ungekürzter Text. Husum/Nordsee: Hamburger Lesehefte Verlag, 2008. (179. Hamburger Leseheft).

Über den Autor dieser Erläuterung:
Prof. Dr. sc. phil. Rüdiger Bernhardt lehrte neuere und neueste deutsche sowie skandinavische Literatur an Universitäten des In- und Auslandes. Er veröffentlichte u. a. Studien zur Literaturgeschichte und zur Antikerezeption, Monografien zu Henrik Ibsen, Gerhart Hauptmann, August Strindberg und Peter Hille, gab die Werke Ibsens, Peter Hilles, Hermann Conradis und anderer sowie zahlreiche Schulbücher heraus. Von 1994 bis 2008 war er Vorsitzender der Gerhart-Hauptmann-Stiftung Kloster auf Hiddensee. 1999 wurde er in die Leibniz-Sozietät gewählt.

Hinweis:
Die Rechtschreibung wurde der amtlichen Neuregelung angepasst.

Das Werk und seine Teile sind urheberrechtlich geschützt. Jede Verwertung in anderen als den gesetzlich zugelassenen Fällen bedarf der vorherigen schriftlichen Einwilligung des Verlages. Hinweis zu § 52 a UrhG: Weder das Werk noch seine Teile dürfen ohne eine solche Einwilligung eingescannt oder gespeichert und in ein Netzwerk eingestellt werden. Dies gilt auch für Intranets von Schulen und sonstigen Bildungseinrichtungen.

2. Auflage 2013
ISBN: 978-3-8044-1930-8
PDF: 978-3-8044-5930-4, EPUB: 978-3-8044-6930-3
© 2012 by C. Bange Verlag, 96142 Hollfeld
Alle Rechte vorbehalten!
Titelbild: Historisches Bahnwärterhaus an der märkischen Eisenbahnstrecke nach Berlin
Druck und Weiterverarbeitung: Tiskárna Akcent, Vimperk

INHALT

1. DAS WICHTIGSTE AUF EINEN BLICK – SCHNELLÜBERSICHT — 6

2. GERHART HAUPTMANN: LEBEN UND WERK — 11

2.1 Biografie — 11
2.2 Zeitgeschichtlicher Hintergrund — 19
Reichsgründung und Sozialistengesetz — 19
Der deutsche Naturalismus und die moderne Technik — 24
Kunst und Wissenschaft: Die Suche nach der Kunst-Formel — 26
2.3 Angaben und Erläuterungen zu wesentlichen Werken — 30

3. TEXTANALYSE UND -INTERPRETATION — 35

3.1 Entstehung und Quellen — 35
3.2 Inhaltsangabe — 41
3.3 Aufbau — 47
„Novellistische Studie" als Genrebezeichnung — 47
Orts- und Zeitangaben — 51
Erzählsituation, Symbole und Motive — 52
Der Konflikt — 55
3.4 Personenkonstellation und Charakteristiken — 58
Bahnwärter Thiel — 58
Thiels erste Frau Minna — 61

	Thiels zweite Frau Lene	63
	Tobias	63
3.5	Sachliche und sprachliche Erläuterungen	65
3.6	**Stil und Sprache**	74
	Sprachliche Unterschiede in den drei Teilen	74
	Das Begriffsfeld „Ordnung" und seine Zerstörung	78
	Parallelen zu Georg Büchners *Woyzeck*	79
3.7	**Interpretationsansätze**	81
	Die „novellistische Studie" als Beispiel des Naturalismus	81
	Das Motiv des vernachlässigten Kindes	85
	Moderne Technik, Eisenbahn und Mensch	86
	Darstellung einer Dreiecksbeziehung: Das „Gleichen"-Modell	90
	Zahlensymbolik: Die Zahl Drei	91
	Die Rolle der Religion: Die Herrnhuter Brüdergemeine	92

4. REZEPTIONSGESCHICHTE   94

Zeitgenössische Rezeption	94
Paul Ernsts Erzählung *Die Frau des Bahnwärters* (1928)	97
Hans Francks Novelle *Quitt* (1928)	100
Bahnwärter Thiel als Hörspiel (1946), Fernseherzählung (1982) und Oper (2004)	105

5. MATERIALIEN 108

6. PRÜFUNGSAUFGABEN MIT MUSTERLÖSUNGEN 112

LITERATUR 124

STICHWORTVERZEICHNIS 129

1. DAS WICHTIGSTE AUF EINEN BLICK – SCHNELLÜBERSICHT

Damit sich jeder Leser in diesem Band rasch zurechtfindet und das für ihn Interessante gleich entdeckt, folgt eine Übersicht.

Im 2. Kapitel wird **Gerhart Hauptmanns Leben** beschrieben und auf den zeitgeschichtlichen Hintergrund verwiesen:

S. 11–18
→ Gerhart Hauptmann lebte von 1862 bis 1946. Erste dichterische Erfolge erlebte er nach 1885 in Berlin. 1889 löste sein soziales Drama *Vor Sonnenaufgang* einen Theaterskandal aus.

S. 19–21
→ *Bahnwärter Thiel* erschien 1888 als Text des deutschen Naturalismus. Der hatte sich nach Reichsgründung 1871 und Sozialistengesetz 1878 aus enttäuschten Hoffnungen junger Schriftsteller und in Opposition zum Deutschen Reich, orientiert an ausländischen Vorbildern wie Zola und Ibsen, entwickelt.

S. 22–24
→ Vernachlässigte soziale Gruppen wie Arbeiter, Kleinbürger und kleine Beamte, auch Ausgestoßene, Dirnen, Wahnsinnige und Alkoholiker rückten in die Figurenensembles ein; ästhetische Schönheit trat zu Gunsten einer wahrhaftigen und naturgetreuen Abbildungen der Problemfelder zurück. Der Schriftsteller sollte nur noch bedingt Gestaltungsmöglichkeiten erhalten, im übrigen Protokollant der Wirklichkeit sein.

S. 24–28
→ Neue Themen wie technische Anlagen, die Eisenbahn und Verkehrssysteme wurden ebenso beschrieben wie neue wissenschaftliche Erkenntnisse (Vererbungslehre, Milieutheorie, Psychoanalyse). Literatur sollte möglichst nahe an Wissenschaft herangeführt und mit vergleichbaren Gesetzen beschreibbar werden.

→ Gerhart Hauptmann wurde zum Repräsentanten des deutschen Naturalismus für das Theater, sein soziales Drama *Vor Sonnenaufgang* bedeutete den Sieg des Naturalismus auf der Bühne. Soziale, ökonomische und naturwissenschaftliche Probleme drangen auch in seine Dichtung ein.

⇨ S. 29–34

Im 3. Kapitel wird eine Textanalyse und -interpretation geboten.

Bahnwärter Thiel – Entstehung und Quellen:

Die „novellistische Studie" geht auf einen Unglücksfall an der Bahnstrecke von Erkner nach Fürstenwalde zurück und nutzt Erfahrungen des Dichters während seines Lebens am Rande von Berlin. Ein genaues Ereignis konnte nicht ermittelt werden. Ortsangaben, Milieu und Landschaftsbeschreibungen entsprechen den vorhandenen Verhältnissen. Bei ihrer Veröffentlichung in der naturalistischen Zeitschrift *Die Gesellschaft* stand die „Studie" inmitten von Beiträgen zum entscheidenden naturalistischen Vorbild Henrik Ibsen und neben einer berühmten naturalistischen Programmschrift Conrad Albertis.

⇨ S. 35–40

Inhalt:

Thiel heiratet nach dem Tod seiner ersten Frau die Kuhmagd Lene, weil er seinen Sohn Tobias betreut wissen möchte. Die neue Frau hat Thiel mit ihrer sexuellen Kraft bald völlig in ihrer Gewalt. Thiel hat sich in seinem abgelegenen Bahnwärterhaus ein Heiligtum für die erste Frau eingerichtet und hält die zweite Frau davon fern. Da ein Kartoffelfeld, das Thiels zur Pacht bekommen haben, in der Nähe des Bahnwärterhauses liegt, dringt sie zu Thiel vor. Bei einem Besuch auf dem Acker wird Tobias von einem Schnellzug erfasst und stirbt. Thiel tötet in einem Anfall von Wahnsinn seine Frau und beider Kind; er wird in die Irrenabteilung eingeliefert.

⇨ S. 41–46

| 1 SCHNELLÜBERSICHT | 2 GERHART HAUPTMANN: LEBEN UND WERK | 3 TEXTANALYSE UND -INTERPRETATION |

Chronologie und Schauplätze:

⇨ S. 47–57

Die Handlungszeit ist die erste Hälfte der achtziger Jahre des 19. Jahrhunderts im Deutschen Reich unter Kaiser Wilhelm I. Die Orte befinden sich in der Nähe Erkners an der Niederschlesisch-Märkischen Eisenbahnstrecke. Der Bahnwärter Thiel lebt am untersten Ende der Beamtenhierarchie; er hat keinen Kontakt zur Bevölkerung der Fischer, Land- und Waldarbeiter sowie der Arbeiter in den Kalkwerken von Rüdersdorf. Nach zehn Jahren Pflichterfüllung als Bahnwärter treffen Thiel mehrere Schicksalsschläge, denen er nicht gewachsen ist.

Personen:

⇨ S. 58–61

Thiel
→ ca. 43 Jahre
→ seit zehn Jahren Bahnwärter nach langem Militärdienst
→ korrekter, pflichtbewusster Mensch
→ zwanghafte Verpflichtung gegenüber der Kirche, aber privat modifizierte Religiosität
→ Begeisterung für Nächtliches, Mystisches, Geheimnisvolles

⇨ S. 61–62

Minna
→ sorgsame und liebevolle Partnerin Thiels
→ erscheint ihm in den Träumen wie eine Heilige
→ Verkörperung der Kind-Frau, die Hauptmann lebenslang liebte
→ von überirdischer Sinnlichkeit und mystischer Fremdheit

⇨ S. 62

Lene
→ ohne „Seele" (6), mitleid-, rücksichts- und erbarmungslos
→ Mensch wie eine Maschine
→ fühlt sich dem Alltag und seiner Sicherung verpflichtet

- → Tobias wird von ihr misshandelt
- → Thiel ist ihr sexuell hörig

Tobias ⇨ S. 63 f.
- → Vermächtnis der auf besondere Art geliebten Minna
- → Von Mutter geerbte Kränklichkeit und Empfindsamkeit
- → Von Stiefmutter misshandelt, ihren spontanen gewaltsamen Zornausbrüchen hilflos ausgeliefert

Stil und Sprache:

- → Untergeordnete Rolle des naturalistisch gepflegten Dialekts ⇨ S. 74–80
- → Unterschiedliche sprachliche und stilistische Gestaltung der drei Abschnitte des Gesamttextes:
  I. sachliches Protokoll
  II. linear erzählte Geschichte und
  III. zerfallende Ordnung (Ordnung als Lebensprinzip und Lebensinhalt Thiels)
- → Ziel: naturalistisch detaillierte Milieuschilderung der psychopathologischen Verwirrung Thiels, verbunden mit psychoanalytischen Fragen nach den Gründen seines Wahnsinns
- → Ähnlichkeit von Büchners *Woyzeck* und Hauptmanns *Bahnwärter Thiel* u. a. in sprachlicher Struktur

Verschiedene Interpretationsansätze bieten sich an:

- → Das „Licht der Wahrheit" (8) als naturalistisches Prinzip und seine Folgen ⇨ S. 81–93
- → Die Stellung der Kinder in den naturalistischen Figurenensembles
- → Eisenbahnwesen, Technik und Mensch in naturalistischer und anderer Dichtung

- → Konstrukt, mit zwei Frauen – der toten Minna und der lebendigen Lene – zu leben
- → Lösung durch das „Gleichen-Problem" (CA VII, 246)
- → Moderne Technik (Eisenbahn) als fragiles Gebilde, das der Willkür von Natur und Zufall ausgesetzt ist

Rezeptionsgeschichte:

⇨ S. 94–107

Die „novellistische Studie" erhielt Zustimmung, trat aber hinter *Vor Sonnenaufgang* zurück. Sie wurde zu einem bevorzugten Interpretationsobjekt für Literaturwissenschaftler und zu einem fast dauerhaften Schulstoff.

Daneben hat sie eine beispielhafte künstlerische Rezeption erlebt: Sie wurde von Paul Ernst, Hans Franck und anderen variiert und bei ähnlicher Handlungs- und Figurenkonstellation zu unterschiedlichen Ergebnissen geführt.

Sie wurde als „Fernseherzählung" und als Oper in andere Genres aufgenommen.

2. GERHART HAUPTMANN: LEBEN UND WERK

2.1 Biografie[1]

Gerhart Hauptmann 1862 bis 1946
© Richter/Cinetext

JAHR	ORT	EREIGNIS	ALTER
1862	Ober-Salzbrunn/ Schlesien (heute: Szczawno Zdrój)	15. November: Gerhard (sic!) Hauptmann wird im Hotel Schlesien „Zur Krone" als Sohn des Hotelbesitzers Robert Hauptmann und seiner Frau Marie, geb. Straehler, und als jüngerer Bruder des Dichters Carl Hauptmann (1858–1921) geboren. Vorfahren waren u. a. Häusler, Weber und Gastwirte, der Großvater mütterlicherseits Brunneninspektor.	
1868	Ober-Salzbrunn	Besuch der Dorfschule bis 1874.	6-12
1870–1874	Ober-Salzbrunn	Dem kranken Gerhard spielen die Geschwister im Pappfigurentheater *Hamlet* vor. Früheste poetische Anregung. Erlebt Beginn des deutsch-französischen Krieges.	8
1873	Ober-Salzbrunn	Privater Lateinunterricht.	10
1874–1878	Breslau	Eintritt in die Städtische Realschule I. Ordnung am Zwinger. Leidet unter der Schule. Umfangreiche außerschulische Lektüre.	11-15
1876	Breslau	Erlebt Gastspiele der „Meininger", prägendes Theatererlebnis.	14

---

[1] Die Angaben folgen weitgehend Pfeiffer-Voigt, vgl. aber: Rüdiger Bernhardt: *Chronik von Gerhart Hauptmanns Leben und Schaffen*. In: Arbitrium. Hg. von Wolfgang Frühwald und Wolfgang Harms. Tübingen: Niemeyer, 1995, Heft 1, S. 95–98. – Die Biografie wird im Hinblick auf *Bahnwärter Thiel* in den Anfängen relativ ausführlich mitgeteilt, dann als Überblick.

2.1 Biografie

JAHR	ORT	EREIGNIS	ALTER
1877	Sorgau	Verarmung der Eltern; sie übernehmen die Bahnhofswirtschaft in Sorgau (Nieder-Salzbrunn). Freundschaft mit Alfred Ploetz.	15
1878/79	Lohnig Lederose	Vorzeitiger Schulabgang mit befriedigendem Zeugnis. Bis 1879 Landwirtschaftsschüler auf den Gütern seines Onkels. Auseinandersetzung mit Herrnhuter Geist. Lektüre des Neuen Testaments (seine spätere Grab-Beigabe).	16
1879	Breslau	Vorbereitung auf Examen für Einjährig-Freiwilligen Militärdienst, ein Jahr später aufgegeben. „Blutsbrüderschaft"-Gruppe mit pangermanischen Idealen (Mitglieder: Bruder Carl, Alfred Ploetz, Ferdinand Simon).	17
1880	Breslau	Gedichte und Epos *Hermann* (heroisierende Dichtungen in der Tradition Felix Dahns); Besuch der Bildhauerklasse der Königlichen Kunst- und Gewerbeschule; Schulausschluss wegen schlechten Betragens.	18
1881	Breslau Hohenhaus	Durch Prof. Haertel Wiederaufnahme an Schule; plastische Arbeiten. Ablehnung Zolas. Kennenlernen der Töchter des Großkaufmanns Thienemann. Die drei Brüder Georg, Carl und Gerhard(t) heiraten später die drei Schwestern Adele, Martha und Marie (1860–1940). Hochzeit Georgs mit Aufführung von Gerhards *Liebesfrühling*.	19

2.1 Biografie

JAHR	ORT	EREIGNIS	ALTER
1882	Breslau	Besuch Maries, die ihm wirtschaftliche Sicherheit verschafft.	20
	Jena	Abgang von der Kunstschule, anschl. Studium der Geschichte und Literatur, Beschäftigung mit alten Griechen (Homer, Hesiod), Jean Paul und Lord Byron.	
	Hohenhaus	Heimliche Verlobung mit Marie Thienemann.	
1883	Weimar Jena/Berlin	Wanderung zu den klassischen Stätten, evtl. auch zur Totenfeier für Richard Wagner[2].	21
	Spanien, Rom, Monaco, Neapel	Studienabbruch. Beeindruckt von Berlin. Nach Mittelmeerreise (u. a. mit Carl) Niederlassung in Rom als Bildhauer.	
1884	Rom	Typhuserkrankung. Besuch Maries. Freundeskreis gründet Verein *Pacific*; Aufgabe des Plans einer sozialistischen Ikarier-Siedlung nach Ploetz' Besuch in Amerika.	22
	Dresden	Sechswöchiger Besuch der Zeichenklasse der Akademie der Künste. Offizielle Verlobung mit Marie.	
	Berlin	Zwei Semester bei Ernst Curtius und Du Bois Reymond. Wunsch: Schauspieler. Begeistert von Ibsens *Nora oder Ein Puppenheim*. Lektüre: Lessings *Hamburgische Dramaturgie*. Eigenes Werk *Promethidenlos*.	
1885	Dresden	Eheschließung mit Marie; Hiddenseebesuch, Rügenreise. Militäruntauglich.	23
	Erkner	Wohnung in Erkner. Bekanntschaft mit kleinen Leuten, auch einem Bahnwärter. Lektüre: Turgenjew, Zola, Daudet u. a.	

---

2 Vgl. Bernhardt 2007, S. 43 und 201

2.1 Biografie

JAHR	ORT	EREIGNIS	ALTER
1886	Erkner	Geburt des ersten Sohnes Ivo. Schauspielunterricht. Bekanntschaft mit Frühnaturalisten Max Kretzer, Wilhelm Bölsche, Bruno Wille.	24
	Putbus	Beziehungen zum Fürstlichen Theater. Blutsturz.	
1887	Berlin	H. sieht Ibsens *Gespenster* im Residenztheater.	25
	Erkner	April/Mai: Entstehung des *Bahnwärter Thiel*. Kontakt zum 1886 gegründeten Verein *Durch!*, deren Mitglieder ihn besuchen. Vortrag im *Durch!* über Georg Büchner[3].	
	Altlandsberg	Erste Vernehmung wegen des Vereins *Pacific* im Breslauer Sozialistenprozess; Gefühl der Verfolgung. Er schreibt sich „Gerhart" statt „Gerhard" und will fortan so gedruckt werden.[4]	
	Erkner	Begegnung mit Richard Dehmel, Ola Hansson, Käthe Kollwitz, Arne Garborg, Wilhelm Bölsche, Bruno Wille, Arno Holz.	
	Schlesien	Wanderung mit Hugo Ernst Schmidt durch das Riesengebirge; Entdeckung der Heimat für seine Dichtung.	
	Breslau	Vernehmung Hauptmanns im Sozialistenprozess.	

---

[3] Wenn zu lesen ist, Hauptmann habe Georg Büchner wiederentdeckt, ist das falsch: Seit 1878 war Büchner durch die erste Veröffentlichung des *Woyzeck* und 1879 durch eine Werkausgabe (hg. von Karl Emil Franzos) bei den Naturalisten bekannt geworden. 1887 lagen zahlreiche Rezensionen, Notate und Zitierungen vor.

[4] Brief an Leo Berg vom 26. März 1887. In: Leo Berg: *Briefwechsel 1884–1891. Kritiken und Essays zum Naturalismus*, hg. von Peter Sprengel. Bielefeld: Aisthesis Verlag, 2010, S. 102

2.1 Biografie

JAHR	ORT	EREIGNIS	ALTER
1888	Zürich	Flucht vor Verfolgung nach Zürich zu Carl und Martha Hauptmann. Großer Freundeskreis mit Carl Henckell, Ploetz, Simon, John Henry Mackay, Wille, Bölsche, Frank Wedekind u. a.	26
	Burghölzli	Psychiatrische Studien bei Auguste Forel, Besuch der Irrenanstalt.	
	Erkner	Rückkehr aus Schweiz. In Zeitschrift *Die Gesellschaft* erscheint *Bahnwärter Thiel*. Zustimmende Zuschriften aus dem Leserkreis.	
1889	Hamburg	Familienreise nach Hamburg. Arbeit mit Hilfe der naturalistischen „Notizbuchmethode" Zolas, wie schon in Zürich.	27
	Berlin	Enge Freundschaft zu Arno Holz und Johannes Schlaf. Gründung der *Freien Bühne*, in dessen Vorstand er eintritt. Eröffnung mit Ibsens *Gespenster*. Freundschaft mit Otto Brahm und Samuel Fischer.	
	Erkner	Erste Begegnung mit 14-jähriger Margarete Marschalk (Schwester des Komponisten Max M.). *Vor Sonnenaufgang* (urspr. *Der Sämann*) erscheint, wird an der *Freien Bühne* aufgeführt und verursacht einen Theaterskandal.	
	Charlottenburg	Übersiedlung; Begegnung mit Max Halbe, der ihn beeindruckt.	
1890	Italien	Reise. In Zürich Treffen mit Simon und Ploetz.	28
	Erkner	Wohnung bei befreundetem Lehrer Ashelm.	
	Friedrichshagen	Beziehungen zur Künstlerkolonie.	
	Schreiberhau	Kauf eines Hauses.	

2.1 Biografie

JAHR	ORT	EREIGNIS	ALTER
1891	Berlin	Treffen mit Henrik Ibsen. Reisen ins Eulengebirge. Studien und Gespräche mit Augenzeugen des Weberaufstandes von 1844.	29
	Schreiberhau	Einzug in umgebautes Haus, später folgt Familie Carl Hauptmanns.	
1892	Berlin	*De Waber* wird von Zensurbehörde verboten. *Der Apostel* erscheint mit *Bahnwärter Thiel* als *Novellistische Studien*.	30
	Franken	Studienreise zur Vorbereitung des *Florian Geyer*. In Nürnberg Erlebnis des Sebaldusgrabes. Abschluss der dem Hochdeutschen angenäherten Fassung *Die Weber*.	
1893	Berlin	Uraufführung *Die Weber* in der Freien Bühne (Neues Theater[5]) als geschlossene Aufführung. Malerin Käthe Kollwitz wird dadurch zum *Weber*-Zyklus angeregt. Aufhebung des *Weber*-Verbots für das Deutsche Theater. Entscheidende Begegnung mit Margarete Marschalk. Uraufführung *Hannele*.	31
	Zürich	Erfolgreiche Premieren *Der Biberpelz* und *Hannele*.	
1894	New York	Marie bricht mit Kindern nach New York auf, Hauptmann – der mit Margarete lebt – folgt ihr. Ehe wird erst 1904 geschieden; im gleichen Jahr heiratet Hauptmann Margarete Marschalk.	32
	Berlin	Erste öffentliche Aufführung der *Weber* im Deutschen Theater.	

---

[5] Das Neue Theater am Schiffbauerdamm war am 19. November 1892 eröffnet worden. 1928 wurde darin Brechts *Dreigroschenoper* uraufgeführt, seit 1954 diente es als Sitz des von Brecht gegründeten Berliner Ensembles.

2.1 Biografie

JAHR	ORT	EREIGNIS	ALTER
	Schreiberhau	Auflösung des Haushalts; Marie siedelt mit den drei Söhnen nach Dresden über, Hauptmann nach Berlin.	
1895–1901		Wechselnde Aufenthalte in Berlin, Dresden, Hiddensee, Schlesien, Italien. Grillparzer-Preis 1896 und 1899.	33–39
1901	Agnetendorf	Bezug von „Haus Wiesenstein" (gehört fortan zu den ständigen Aufenthaltsorten).	38
1903	Hirschberg	Geschworener in einem Prozess gegen einen Weber wegen Brandstiftung und gegen eine Landarbeiterin wegen Kindstötung.	40
1903–1912		Wechselnde Aufenthalte, viele Bekanntschaften. Grillparzer-Preis 1905, Volksschillerpreis 1905, Ehrendoktor in Wien 1905.	40–49
1905	Berlin	Begegnung mit Ida Orloff, heftige Liebe (1906 Trennung), die in zahlreichen Texten nachwirkt.	43
1907	Griechenland	Reise mit Familie und Freunden.	44
1912	Stockholm	Nobelpreis. Zahlreiche Feiern zu seinem 50. Geburtstag.	50
1913–1914		Wechselnde Aufenthalte, erster Film nach einem Hauptmann-Werk (*Atlantis*), Max Reinhardt erhält ausschließliches Aufführungsrecht aller Werke Hauptmanns für Berlin.	51
1914–1918		Kriegsbegeisterung bei Ausbruch des Ersten Weltkriegs; nationalistische Gedichte. Später desillusioniert.	52–56
1919–1933		Wichtiger Dichter der Weimarer Republik. Große Ehrungen zum 60. Geburtstag 1922.	57–71

2.1 Biografie

JAHR	ORT	EREIGNIS	ALTER
1924	Kloster	Mit Thomas Manns Familie auf Hiddensee; Ärger Hauptmanns über die Gestalt Peeperkorns in Thomas Manns *Der Zauberberg*.	62
1926	Kloster	Erstmals im „Haus Seedorn", das er zuerst mietet, 1930 kauft und 1930/31 erweitern lässt.	64
1932		Reden zu Goethes 100. Todestag.	70
1933–1945		Opportunistische Haltung Hauptmanns im Faschismus: keine Ablehnung, sondern vereinzelte Zustimmung; zahlreiche Ehrungen in Breslau und Wien.	71–83
1945	Dresden Agnetendorf	Schreibt nach miterlebter Zerstörung der Stadt seine berühmte Klage über den Untergang Dresdens. Besuch von Johannes R. Becher und Grigorij Weiss mit Bitte um Mitarbeit am kulturellen Neuaufbau, Hauptmann stimmt zu.	83
1946	Agnetendorf Kloster	6. Juni: Tod Gerhart Hauptmanns. 28. Juli: Überführung des Leichnams nach Hiddensee. Seinem Wunsch entsprechend Beisetzung bei Sonnenaufgang auf dem Inselfriedhof.	84

2.2 Zeitgeschichtlicher Hintergrund

Gerhart Hauptmann *Bahnwärter Thiel* erschien 1888 und wurde zu einem beachteten Text der naturalistischen Bewegung. Die hatte sich nach Reichsgründung 1871 und Sozialistengesetz 1878 aus enttäuschten Hoffnungen junger Schriftsteller und in Opposition zum Deutschen Reich entwickelt, orientiert an ausländischen Vorbildern wie Zola und Ibsen, und dabei Zeitschriften, Verlage und Institutionen erobert.
Neue soziale Gruppen wie Arbeiter, Kleinbürger und kleine Beamte, aber auch Ausgestoßene, Dirnen und Alkoholiker rückten in die Figurenensembles ein.
Ästhetische Schönheit trat zu Gunsten wahrhaftiger und naturgetreuer Abbildungen der Problemfelder zurück. Der Schriftsteller sollte nur noch bedingt Gestaltungsmöglichkeiten erhalten.
Neue Themen wie technische Anlagen, die Eisenbahn und Verkehrssysteme wurden ebenso beschrieben wie neue wissenschaftliche Erkenntnisse: die Vererbungslehre, die Milieutheorie und psychoanalytische Erkenntnisse wurden in Kunstwerke aufgenommen.
Literatur sollte möglichst nahe an Wissenschaft herangeführt und mit vergleichbaren Gesetzen ausgerüstet werden.

ZUSAMMENFASSUNG

Reichsgründung und Sozialistengesetz

Bahnwärter Thiel erschien im Oktober 1888 in der naturalistischen Zeitschrift *Die Gesellschaft* – als Wohnort des Verfassers wurde Zürich angegeben – und bekam viel Zustimmung aus dem Leserkreis, welcher ihn mit Werken Zolas und europaweit anerkannten

Bahnwärter Thiel erschien 1888 in naturalistischer Zeitschrift *Die Gesellschaft*

2.2 Zeitgeschichtlicher Hintergrund

naturalistischen Texten verglich. Dabei war Zola keineswegs das unkritisch gesehene Vorbild, sondern es gab im deutschen Naturalismus Bemühungen, trotz großer Objektivität gegenüber den Themen der Wirklichkeit eine Idealität aufrecht zu erhalten, die man bei Zola vermisste. 1885 war Zolas Roman *Germinal* aus dem Zyklus *Rougon-Macquart*[6] erschienen und im gleichen Jahr ins Deutsche übersetzt worden. Der deutsche Naturalismus hatte 1885 erste Höhepunkte erreicht, zahlreiche Zeitungen und Verlage erobert und fühlte sich der vom Klassizismus geprägten reichsdeutschen Literatur z. B. eines Emanuel Geibel oder Felix Dahn überlegen. Mit führenden realistischen Schriftstellern wie Gottfried Keller, Theodor Storm oder Wilhelm Raabe fand man kaum eine gemeinsame Sprache, zumal sich die naturalistischen Kräfte in großstädtischen Zentren wie Berlin, München und Leipzig ansiedelten, die realistischen Schriftsteller aber zumeist an der Peripherie des deutschen Sprachraums lebten. In dieser Zeit zog Hauptmann mit seiner jungen Frau nach Erkner und merkte „plötzlich, ich sei nicht allein" (CA VII, 1047): Er traf auf die jungen Naturalisten und lernte ihre Anthologie *Moderne Dichter-Charaktere* (veröff. 1884, mit Jahreszahl 1885) kennen.

1885 Höhepunkt der deutschen Naturalismus-Bewegung vor allem in Großstädten Berlin, München und Leipzig

Der Naturalismus entwickelte sich in Deutschland, in Anlehnung an französische (Zola) und skandinavische (Ibsen), später auch russische Vorbilder (Tolstoi) nach der Reichsgründung 1871. Sie hatte die ihren kulturpolitischen Platz suchenden Intellektuellen ent-

Französische (Zola), skandinavische (Ibsen), russische Vorbilder (Tolstoi)

---

[6] Die 20 Romane des Zyklus der *Rougon-Macquart* (1870–1893), der „Natur- und Sozialgeschichte einer Familie unter dem zweiten Kaiserreich", gehören zusammen und bedingen einander; sie vereinigen sich in einem literarischen Stammbaum, der über fünf Generationen reicht. Zwei Familien mit unterschiedlichen Ausgangssituationen – die kleinbürgerlichen Rougons und die proletarischen Macquarts – werden zusammengeführt, ihre Anlagen und Möglichkeiten auf unterschiedlichste Weise miteinander kombiniert und durch naturwissenschaftliche und soziale Gesetze, – Darwin und Marx also –, begründet. Was als Analyse einer Doppelfamilie begann, endet mit der Analyse der kapitalistischen Welt: analysiert werden der Handel (*Das Paradies der Damen*) und die Hochfinanz (*Das Geld*). Gipfelpunkt des Zyklus ist *Germinal*, der von Zola angestrebte „sozialistische Roman".

2.2 Zeitgeschichtlicher Hintergrund

täuscht; der erwartete Aufschwung von Kunst und Literatur war ausgeblieben. Einerseits empfanden die jungen Künstler und Intellektuellen die nationale Einigung als Gewinn, andererseits brachten die ökonomischen Entwicklungen schärfere soziale Gegensätze hervor. Die Erwartungen der jungen Künstler an eine neue Qualität von Bildung und Kunst erfüllten sich nicht. Trotzdem fühlten sie national und wollten eine entsprechende Literatur erleben. Die gemeinsam attackierten Gegner waren neben Geibel insbesondere Rudolf Baumbach, Georg Ebers, Julius Wolff, Albert Träger und Paul Heyse. Ihnen wollte man eine andere, eine soziale Literatur entgegensetzen, hatten die jungen Schriftsteller doch in ihren Zirkeln neben den Schriften des Evolutionsbiologen Darwin auch die Marxisten Marx, Engels, Bebel und Lassalle studiert. Ältere wie M. G. Conrad, Richard Voß und Peter Hille waren von der verbreiteten moralischen Haltung im Deutschen Reich von 1871 enttäuscht. In Richard Voß' *Visionen eines deutschen Patrioten* (1874), einem der frühesten naturalistischen deutschen Texte, desillusioniert ein „Knabe" in Engelsgestalt (ähnlich Dantes *Göttlicher Komödie*) einen nationalistisch denkenden Deutschen: „Deutschland mag groß in seiner Politik sein, in seiner Sittlichkeit ist es ohne Größe, der Krieg mag ruhmvoll sein, sittlich ist er gewiss nicht, er mag den Staat größer, mächtiger und reicher gemacht haben, das Volk hat er weder reicher, noch glücklicher, noch sittlicher gemacht."[7]

Die junge Autorengeneration strebte nach neuen Literaturverhältnissen, die von einer Art gemeinsamen Schaffens und der Verantwortung des Staates für seine Literatur geprägt werden sollten. Schließlich bestimmte sie Kunst und Literatur neu und ordnete sie den Wissenschaften, der Politik, der modernen Technik und deren überprüfbaren Vorgängen zu.

> Bezug auf Evolutionsbiologie (Darwin) und marxistisch-sozialistische Theorien (Marx, Engels, Bebel, Lassalle)

> Enttäuschung der Intellektuellen und Schriftsteller über Reichsgründung 1871

---

7 Richard Voß: *Visionen eines deutschen Patrioten*. Zürich: Verlagsmagazin, 1874, S. 84

2.2 Zeitgeschichtlicher Hintergrund

Sozialistengesetz 1878:
→ Verbot sozialistischer und sozialdemokratischer Organisationen
→ deutsche Autoren im Zürcher Exil

Hauptmanns Figurenreservoir: Kutscher, arme Weber, Gastwirte, Alkoholiker, Ausgestoßene, Kranke etc.

Erweiterung des Bühnenpersonals auf untere Volksschichten des vierten Standes

Als 1878 außerdem die immer stärker werdende Sozialdemokratie mit dem Sozialistengesetz bekämpft wurde, gingen deutsche Schriftsteller ins Exil nach Zürich oder veröffentlichten in dem dort befindlichen Verlagsmagazin Schabelitz ihre Schriften, die in Deutschland verboten waren. Zu diesem Zeitpunkt verdichteten sich die vereinzelten Bemühungen der Intellektuellen zu gemeinsamen Aktionen, die zuerst in Zeitschriftengründungen, dann auch im Entstehen oppositioneller Zirkel und Gruppen wirksam wurden. In dieser Phase der naturalistischen Bewegung entstanden vor allem publizistische und journalistische Texte. Durch den Naturalismus veränderten sich die Figurenkonstellationen in der Literatur. Ende des 18. Jahrhunderts hatte das bürgerliche Schauspiel das Interesse vom adlig-höfischem Personal auf der Bühne zum bürgerlichen Personal gelenkt. Jetzt vollzog sich eine solche Erweiterung durch die Konzentration auf die unteren Volksschichten und den sogenannten vierten Stand. Dabei war dieser Blick nicht politisch bestimmt worden, sondern durch die Bemühung um die Totalität des gewählten Ausschnitts eingetreten. Der sogenannte vierte Stand, dem bisher kaum Literaturfähigkeit zugebilligt worden war, trat in die Literatur ein: Arbeiter und kleine Händler, Bauern und Künstler am Rande der Gesellschaft, Ausgestoßene, Kranke, Alkoholiker und Dirnen agierten in den Dichtungen. Hauptmanns Blick hatte sich von Kindheit an, bereits im Hotel des Vaters und dann auf den Gütern des Onkels, auf Kreise gerichtet, in denen sich auch immer Gestalten vom untersten Rand der Gesellschaft bewegten: Kutscher, arme Weber, Gastwirte usw. Getreu dem naturalistischen Prinzip, dass vor den Augen des Künstlers alle Menschen, Vorgänge und Ereignisse gleich seien, schenkte er ihnen Aufmerksamkeit und schaffte sich ein künstlerisches Reservoir solcher Gestalten für sein gesamtes späteres Schaffen.

2.2 Zeitgeschichtlicher Hintergrund

In dem Zusammenhang wurden auch Sexualität und Erotik als Themen ausgebreitet. In einer deutlichen Zuspitzung machte Alberti, einer der Theoretiker des deutschen Naturalismus, die inhaltliche Orientierung des Naturalismus 1889 deutlich: „... es gibt keine künstlerischen Stoffe zweiten und dritten Ranges, sondern als Stoff steht der Tod des größten Helden nicht höher als die Geburtswehen einer Kuh, denn dasselbe einheitliche und allgewaltige Naturgesetz verkörpert sich in diesem wie in jenem."[8] Bereits 1882 hatten die Brüder Hart ähnlich erklärt: „... die Tatsache, dass kein Stoff, auch der unsittliche und gemeine nicht, an und für sich undichterisch ist, bleibt gleichwohl zu Recht bestehen."[9]

Sexualität und Erotik als Thema

1890 wurde in Deutschland das Sozialistengesetz aufgehoben. Das gab der Sozialdemokratie weiteren Auftrieb und vertiefte zeitweise die engen Beziehungen zwischen ihr und der parallel zum Sozialistengesetz entstandenen naturalistischen Literatur, die auf dem Weg durch die Institutionen Verlage, Zeitschriften und Theater erobert hatte.

1890 Aufhebung des Sozialistengesetzes → Auftrieb für Sozialdemokratie und naturalistische Literatur

Unter Naturalismus wird also zunächst ein Realismus verstanden, wie ihn die Jungdeutschen um 1830 benutzten. Um 1870 erhielt dieser in Europa eine radikale Prägung, da er sich sozial und künstlerisch für die Interessen der Arbeiter, die Lebensbedingungen der Außenseiter und für die gesellschaftlichen Randgruppen wie Prostituierte, Trinker, Entwurzelte usw. engagierte. Mit dem wahnsinnig gewordenen Thiel, der in die Irrenabteilung eingeliefert wird, rückt Hauptmann eine wichtige, literarisch vernachlässigte Gruppe ins Blickfeld. Sie gehörte zu den soziologischen Bereichen, denen die Naturalisten besondere Aufmerksamkeit widmeten. Der Naturalis-

Radikalisierung ab 1870 durch Engagement für gesellschaftliche Randgruppen

---

8 Conrad Alberti: *Der moderne Realismus in der deutschen Literatur und die Grenzen seiner Berechtigung*. Hamburg: Verlagsanstalt und Druckerei A.-G. (vorm J. F. Richter), 1889, S. 18
9 Heinrich und Julius Hart: *Für und gegen Zola*. In: Kritische Waffengänge, Leipzig: O. Wigand, 1882, Heft 2, S. 47

2.2 Zeitgeschichtlicher Hintergrund

Thematisierung der soziologischen (Milieu) und biologischen (Vererbung) Determination des Menschen

mus thematisierte die soziale und biologische Determination des Menschen nach Marx, Darwin, Haeckel, Taine u.a., legte sie seinen literarischen Gestalten auf und nahm ihnen weitgehend eigene Bestimmungen ab. Insbesondere galt das für die Vererbung. Daraus entstand die naturalistische Methode, die den Anspruch erhob, der gesamten Wirklichkeit in der Kunst in gleicher Weise Aufmerksamkeit zu schenken, ohne ihr mit Auswahlkriterien zu begegnen, und sie so möglichst detail- und zeitgenau in die Kunst zu übertragen. Der Künstler sollte dabei weitgehend seine gestaltende Bedeutung verlieren.

Der deutsche Naturalismus und die moderne Technik

Mit dem neuen Figurenensemble und den bisher tabuisierten Themen erweiterten sich auch die Handlungsräume und ihre Ausstattung. Der Technik vor allem galt die Aufmerksamkeit: 1875 malte Adolph von Menzel mit seinem *Eisenwalzwerk* erstmals eine moderne Industrieanlage. Analog zum technisch-wirtschaftlichen Fortschritt vollzog sich eine ökonomische Umverteilung. Völkerströme zogen von Ost nach West, zahlreiche Deutsche wanderten in die USA aus, die Städte wuchsen rasant und die ländlichen Gebiete veröfeten. Innerhalb der Technik wurde die Eisenbahn als literarisches Thema beliebt, die nicht erst durch den Naturalismus zum poetischen Gegenstand geworden war, aber die Naturalisten waren davon besonders fasziniert. Hauptmanns *Bahnwärter Thiel* gehört in diesen Zusammenhang. Im gleichen Jahr erschien der Roman *Die Hemsöer* des schwedischen Dichters August Strindberg, in dem natürliche Lebensweise und moderne Industrie auf tödliche Weise zusammenstoßen.[10] Ebenfalls 1887 geschrieben wurde der Roman *Meister Timpe* (1888) von Max Kretzer (1858–1941), dem zu dieser

Faszination der Naturalisten für moderne Technik, Industrie und Eisenbahn

Erfolg des deutschen naturalistischen Romans Meister Timpe (1887) von Max Kretzer

---

10 Vgl. Rüdiger Bernhardt: *August Strindberg*. dtv portrait 31013. München: dtv, 1999, S. 64 f.

2.2 Zeitgeschichtlicher Hintergrund

Zeit führenden Erzähler des deutschen Naturalismus, den man als deutschen Zola bezeichnete. Der Roman wurde ein großer und anhaltender Erfolg: In ihm wurde Handwerksmeister Timpe durch die Konkurrenz vernichtet. Sein endgültiger Untergangs verbindet sich mit der Eröffnung der Berliner Stadtbahn: Während Timpes Werkstatt in Flammen aufgeht und er stirbt, „brauste die Stadtbahn heran, die ihren Siegeszug durch das Steinmeer von Berlin hielt. Die Lokomotive war bekränzt. Aus den Coupéfenstern blickten Beamte des Ministeriums, Leute von der Eisenbahnverwaltung und die geladenen Ehrengäste. Die Herren nickten freundlich und schwenkten Taschentücher. Unter dem brausenden Jubelruf der Menge dampf-

Adolph von Menzels Gemälde *Eisenwalzwerk* (1875) gilt als erste größere Industriedarstellung in Deutschland. Zur Vorbereitung reiste Menzel ins schlesische Königshütte, damals – nach dem Ruhrgebiet – die modernste Industrieregion Deutschlands.
© akg – images

2.2 Zeitgeschichtlicher Hintergrund

Literarischer Höhepunkt des Themas Eisenbahn in Émile Zolas Das Tier im Menschen (1890)

te der Zug vorüber."¹¹ Das Thema „Eisenbahn" war in der Dichtung der Zeit gegenwärtig und erlebte 1890 mit Émile Zolas *Das Tier im Menschen*, dem 17. Band der *Rougon-Macquart*, einen literarischen Höhepunkt in Europa. Zola erklärte im Zusammenhang mit diesem Roman die Eisenbahn zu einem Wesen, dessen Gleisverlauf „eine gute Wirbelsäule"¹² darstelle; die Eisenbahn wurde bei ihm sogar zum Strukturelement des Romanaufbaus.

Kunst und Wissenschaft: Die Suche nach der Kunst-Formel

Orientierung an naturwissenschaftlichen und soziologischen Gesetzmäßigkeiten

Methodisch bemühte man sich um den Anschluss an die Naturwissenschaften, deren Gesetze auf die Kunst übertragen werden sollten. Andererseits suchte man nach Gesetzen in der Gesellschaft, die aus Naturgesetzen abgeleitet werden sollten und zur Soziologie führten. Allerorten suchte man nach Gesetzen, die für die Kunst gültig sein sollten. Arno Holz fand die bekannteste Kunst-Formel:

Arno Holz' naturalistische Kunst-Formel: Kunst = Natur − x

Kunst = Natur − x. Dabei stand das x für die Subjektivität des Dichters und sollte möglichst klein gehalten werden. Ausformuliert hieß das: „Die Kunst hat die Tendenz, wieder die Natur zu sein. Sie wird sie nach Maßgabe ihrer jedweiligen Reproduktionsbedingungen und deren Handhabung."¹³ Neben veränderten Inhalten, die nicht mehr zwischen schön und hässlich unterscheiden wollten, setzte man zwei Grundprinzipien um: Einmal sollte der Schriftsteller zurücktreten und bestenfalls Chronist und Dokumentarist der natürlichen Vorgänge sein, zum anderen wollten die Autoren die Vorgänge in ihren möglichst genauen zeitlichen Abläufen dokumentieren. Das

Dokumentation zeitlicher Abläufe im „Sekundenstil"

führte zum sogenannten „Sekundenstil". Erhalten blieb bis auf den

---

11 Max Kretzer: *Meister Timpe*. Berlin: Das Neue Berlin, 1950, S. 259
12 Zit. in: Rita Schober: *Der Januskopf des Naturalismus*. In: Émile Zola: Das Tier im Menschen. Berlin: Rütten & Loening, 1969, S. 455
13 Arno Holz: *Die neue Wortkunst*. In: ders.: Das Werk, Bd. 10. Berlin: J. H. W. Dietz Nachfolger, 1925, S. 83

2.2 Zeitgeschichtlicher Hintergrund

heutigen Tag diese naturalistische Methode: ihre Genauigkeit in den Beschreibungen, die Präzision der Abläufe und die damit verbundene Bemühung, Kunst und Wissenschaft einander anzunähern.

Vorbilder für Gesetzmäßigkeiten fanden die Naturalisten in Charles Darwins Vererbungslehre, Hippolyte Taines Milieutheorie und Ludwig Büchners mechanischem Materialismus (*Kraft und Stoff,* 1855). Der Zeichner Heinrich Zille (1858–1929) beschrieb die Wirklichkeit, aus der er seine Themen gewann, als sein „Milljö". Gesellschaftstheorien wie die von Karl Marx und Friedrich Engels rückten in den Blick der Autoren. Das führte zur Erweiterung der Gattungen und Genres: Neben die bekannten Begriffe traten als Zeichen der wissenschaftlichen Beschäftigung mit dem Gegenstand „Studie", wie bei Gerhart Hauptmann, aber auch „Skizze". Durch diese Begriffe sollten ästhetische Erwartungshaltungen beim Leser eingeschränkt werden.

Die literarischen Vorbilder wurden neu zusammengestellt: Wenig Bedeutung schenkten die naturalistischen Autoren den Klassikern; Lessing wurde akzeptiert, von Goethe erkannten sie nur weniges aus der Frühzeit an. Schiller war inakzeptabel. Aufgenommen in den Kanon der wenigen Vorbildgestalten wurde Georg Büchner, dessen Werk seit 1875 von Karl Emil Franzos systematisch erschlossen und in Zeitschriften, dann in einer ersten Gesamtausgabe veröffentlicht wurde. Gerhart Hauptmann war spät zur naturalistischen Bewegung gekommen. Erst zwischen 1886 und 1889 hatte er Kontakt zu ihr. Schriftsteller und Journalisten wie Heinrich und Julius Hart, Wolfgang Kirchbach, Karl Henckell, Hermann Conradi u.v.a. hatten ihre Bewährungsproben bereits bestanden. Es waren der Berliner Verein *Durch!*[14] und die in Zürich im Exil lebenden

Marginalien:
Vorbilder: Darwins Vererbungslehre, Taines Milieutheorie und Ludwig Büchners mechanischer Materialismus

Verwendung naturwissenschaftlicher Begriffe („Studie", „Skizze") als Genrebezeichnung

Kontakt zum Berliner Verein *Durch!* und Zürcher Naturalisten

---

14 Im Verein „Durch!" verkehrten die meisten der Berliner naturalistischen Schriftsteller: von den Gebrüdern Hart über John Henry Mackay, Paul Ernst, Wilhelm Bölsche, Brunno Wille (Stellvertreter des Schriftführers) und Franz Held bis zu Hanstein, Leo Berg (Vorsitzender), Eugen Wolff (Schriftführer), Johannes Schlaf und Arno Holz

2.2 Zeigeschichtlicher Hintergrund

Naturalisten, die Hauptmann mit ihren Programmen und Theorien bekannt machten, ohne ihn besonders zu beeindrucken oder gar zu eigener Theoriebildung anzuregen. Programme und ähnliches waren seine Sache nicht. Noch im Rückblick verkannte Hauptmann seine Rolle. Wenn er in seiner Autobiografie schrieb, er habe „eine eigenartige kräftige deutsche Literaturepoche eingeleitet"[15], irrte er mehrfach: Die Literaturepoche hatte sich zu diesem Zeitpunkt mehr als zehn Jahre entwickelt und auf ihrem Marsch durch die Institutionen bemerkenswerte Erfolge gehabt. Hauptmann leitete diese Literaturepoche nicht ein, sondern stand ihrem Ende nahe. Im Sommer 1890 verkündete Curt Grottewitz:

Hauptmann als später Naturalist mit wenig Hang zur Theoriebildung

„Es ist nun fast allen vorurteilslos Denkenden klar, dass der Realismus und seine folgerichtige Nebenform, der Naturalismus, nur eine Übergangserscheinung, nur eine Etappe in der modernen Literaturbewegung bedeutet."[16]

---

15 Gerhart Hauptmann: *Das Abenteuer meiner Jugend*. In: CA VII, S. 1082
16 Curt Grottewitz: Wie kann sich die moderne Literaturrichtung weiter entwickeln? In: Das Magazin für die Literatur des In- und Auslandes, Hg. K. von Schlieben, Dresden 1890, Nr. 38, S. 585

2.2 Zeitgeschichtlicher Hintergrund

Zeitgleiche Werke und Ereignisse zum *Bahnwärter Thiel* (Auswahl)

JAHR	HISTORISCHES EREIGNIS	LITERARISCHE WERKE	POLITISCHE / PHILOSOPHISCHE WERKE
1887	Ende des Kulturkampfes um Liberalismus und Katholizismus; Rückversicherungsvertrag mit Russland; Antoine eröffnet sozialkritisches *Theatre libre* in Paris; Beginn der politischen Karriere Lenins	Hermann Conradi: *Lieder eines Sünders*; Ibsen: *Rosmersholm*; Strindberg: *Der Vater*, *Die Hemsöer*; Zola: *La terre (Die Erde)*; Sudermann: *Frau Sorge*; Conrad: *Was die Isar rauscht*; Goethe: Erscheinen seiner *Sophienausgabe*, Entdeckung seines *Urfaust*	Bachofen: *Mutterrecht und Naturreligion* über Existenz einer weiblichen Urreligion; Nietzsche: *Zur Genealogie der Moral* mit historischen, soziologischen und psychologischen Thesen; Bölsche: *Naturwissenschaftliche Grundlagen der Poesie* (naturalistische Programmatik)
1888	Dreikaiserjahr: Tod Wilhelm I. und Friedrich III.; Wilhelm II. bis 1918; Baubeginn der 1600 km langen Bagdadbahn; Vertrag über freie Schifffahrt auf Suez-Kanal	C. Alberti: *Der Kampf ums Dasein*, *Brot*; Bleibtreu: *Größenwahn*; Kretzer: *Meister Timpe*; Fontane: *Irrungen, Wirrungen*; Ibsen: *Die Frau vom Meere*; Strindberg: *Fräulein Julie*; Zola: *Le rêve (Der Traum)*; Hille: *Ich bin der Mörder*; Storm: *Der Schimmelreiter*; **Hauptmann: *Bahnwärter Thiel***	Engels: *Ludwig Feuerbach und der Ausgang der deutschen Philosophie*; Nietzsche: *Der Fall Wagner; Der Antichrist*; Bellamy: *Ein Rückblick aus dem Jahr 2000 auf das Jahr 1887*

2.3 Angaben und Erläuterungen zu wesentlichen Werken

ZUSAMMEN-FASSUNG

Hauptmanns Anfänge, oft als Gelegenheitsdichtung entstanden, waren einer klassizistischen und historisierenden Dichtung verpflichtet.
Durch den Umzug im September 1885 nach Erkner und die Bekanntschaft mit den Berliner Naturalisten entdeckte er die märkische Landschaft als poetischen Raum, ihre Menschen als handelnde Personen und leistete einen Beitrag zur Entwicklung der naturalistischen Prosa. Erst danach nimmt er die schlesische Heimat in sein dichterisches Programm auf und erreicht mit *Vor Sonnenaufgang* den Durchbruch des naturalistischen „sozialen Dramas".

Hauptmanns Anfänge: germanische Heldendichtung und Gelegenheitsdichtung

Hauptmanns Anfänge 1879/82 bestehen aus Heldendichtungen mit germanischen Stoffen (Frithiofs Brautwerbung, Hermann, Germanen und Römer), die sich aus der Beschäftigung mit Felix Dahns *Kampf um Rom* (1876) und aus der pangermanischen Vereinigung in Breslau ergaben, und Gelegenheitsdichtungen zur Hochzeit seiner Brüder (*Liebesfrühling*, 1881; *Der Hochzeitszug*, 1884). Der Aufenthalt in Erkner und die Bekanntschaft mit den Mitgliedern des *Durch!* führten ihn seit 1886 zu naturalistischen Überlegungen und damit zu Themen aus dem Umland Berlins. Es entstand die Erzählung *Fasching* (1887), der *Bahnwärter Thiel* (1888) folgte.

Reservisten-Thematik im Novellen-Fragment *Ein linker Kunde* (1886)

Ein linker Kunde. Christoph der Usinger [17] (1886) ist das Fragment einer Novelle, in dem der erste Tag eines Reservisten beschrie-

---

[17] Nach Requardt/Machatzke ist „Usinger" der in Berlin gebräuchliche Spottname für Schlesier, S. 132

2.3 Angaben und Erläuterungen zu wesentlichen Werken

ben wird. Einige Details bei Christoph hat Hauptmann für seinen *Bahnwärter Thiel* übernommen: Christoph hat einen „militärischen Scheitel" (CA XI, 40), Thiel präsentiert sich „militärisch gescheitelt" (5). Christoph sortiert seinen Tascheninhalt, darunter einen „Schweinshauer" (CA XI, 41), Thiel den seinen, darunter einen „Pferdezahn" (11). Das Fragment weist aus, dass sich Hauptmann mit dem Thema des Reservisten und seiner Zukunft beschäftigt hat.

2.3 Angaben und Erläuterungen zu wesentlichen Werken

Studie Fasching (1887) spielt in gleicher Landschaft wie Bahnwärter Thiel

Fasching. Eine Studie, entstanden in Erkner, spielt in der gleichen Landschaft wie *Bahnwärter Thiel*: am Rande Berlins und der Hasenheide (historischer Park), bei Steben (Woltersdorf), an einem der großen Seen (Flakensee) bei Erkner. Die Personen sprechen märkischen Dialekt, ähnlich dem Berliner (ick, jehenkt, jehen; Verwechslung von „mir" und „mich" u.a.). Es liegt ein authentischer Vorgang zu Grunde: Am 13. Februar 1887 war der Schiffbaumeister Zieb aus Erkner, mit seiner Frau und seinem kleinen Sohn aus Woltersdorf kommend, im Flakensee ertrunken.[18] – Die Hauptfigur, der lebenshungrige Segelmacher Kielblock, ist seit einem Jahr verheiratet, hat inzwischen einen kleinen Sohn Gustav und zieht mit Frau und Kind gern zu Tanzveranstaltungen. Besonders zur Faschingszeit kann er nicht genug bekommen, feiert ein Wochenende durch und kommt mit Frau und dem inzwischen einjährigen Kind bei der Heimfahrt über den zugefrorenen See um. Das Geschehen wird weitgehend unkommentiert dargeboten, aber mit zahlreichen symbolischen Hinweisen angereichert, die auf einen fast antiken schicksalhaften Untergang hindeuten, bei dem Kielblocks Frau dem Wahnsinn nahe ist. Hauptmann hat in seiner Erzählung dokumentarisch genau gearbeitet, wie zahlreiche Recherchen ergaben.[19]

Gedichte Im Nachtzug und Der Wächter (1887) mit ähnlicher Thematik und Metaphorik

Im Nachtzug, ein Gedicht, erschien im Februar 1887, **Der Wächter**, ein weiteres Gedicht, im April 1887.[20] Beide haben eine vergleichbare Thematik, verwenden ähnliche Metaphern und zeigen, dass sich der Dichter in dieser Zeit mit „Eisenbahn und Mensch" beschäftigt. Die Gedichte weisen stofflich auf die „novellistische Studie" hin.

Bahnwärter Thiel (1888) als Fortsetzung und Gegenstück zu Fasching

Bahnwärter Thiel (1888) setzt die Thematik von *Fasching* in mehrfacher Weise fort, konterkariert sie aber auch. Wieder steht

---

18 Vgl. Requardt/Machatzke, S. 72 f.
19 Vgl. Requardt/Machatzke, S. 77–83
20 Vgl. Requardt/Machatzke, S. 41

2.3 Angaben und Erläuterungen zu wesentlichen Werken

eine Familie im Zentrum, sterben Mutter und Kind; diesmal verfällt der Vater dem Wahnsinn. Aber Thiel ist charakterlich das Gegenteil vom lebenshungrigen Kielblock. Handlungsort ist der „märkische Kiefernforst", wie es im Untertitel der Erstveröffentlichung hieß.

Vor Sonnenaufgang löst am 20. Oktober 1889 im Berliner Lessing-Theater vormittags um 11.30 Uhr einen der größten Skandale der deutschen Theatergeschichte aus: Vor den Mitgliedern des Vereins „Freie Bühne" wurde Gerhart Hauptmanns „soziales Drama" (CA I, 9) uraufgeführt und machte den Dichter berühmt. Die Probleme – Alkoholismus, Vererbung, Kapitalisierung der Landwirtschaft u. a. – sind nunmehr in Schlesien angesiedelt. Eines der Spekulationsgeschäfte, das behandelt wird, ist der Bau einer „Gebirgsbahn" (CA I, 22); das Thema „Bahn" wird weitergeführt. Freunde und Feinde zogen in die Aufführung wie in eine Schlacht, wie Zeitgenossen berichteten. Sie brachte dem Naturalismus den Sieg auf der Bühne, bald danach zeigten sich erste Zeichen seiner Überwindung.

Soziales Drama Vor Sonnenaufgang (1889) löst Theaterskandal aus

Der Apostel. Novelle (1890) geht auf Erlebnisse Hauptmanns in Zürich 1888 zurück und stellt einen Gegensatz zum *Bahnwärter Thiel* dar; sie hat einen messianisch wirkenden Helden, der gegen die „Errungenschaften dieser sogenannten Kultur" (CA VI, S. 71) wirken will, gegen Technik in Gestalt der Eisenbahnen („Er hasste diese Bahnen ... Nie und nimmer würde er nochmals durch den Gotthard fahren!", CA VI, 71) wie Hauptmanns Weber gegen mechanische Webstühle. Sein Ziel ist „jenes Endglück der Welt, wonach die blinden Menschen mit blutenden Augen und Händen so viele Jahrtausende vergebens gesucht hatten" (CA VI, S. 82). *Der Apostel* und *Bahnwärter Thiel* erschienen 1892 gemeinsam als *Novellistische Studien*.

Novelle *Der Apostel* (1890) als Gegentext zu *Bahnwärter Thiel* mit messianisch-technikfeindlichem Helden

Fuhrmann Henschel (1898) wirkt wie eine Variation des *Bahnwärter Thiel*. Bereits die Titelstruktur ist ähnlich; Henschel – „athletisch gebauter Mann von etwa fünfundvierzig Jahren" (CA I, 881)

Fuhrmann Henschel (1898) als Variation zu *Bahnwärter Thiel* mit thematischen und motivischen Parallelen

2.3 Angaben und Erläuterungen zu wesentlichen Werken

– heiratet, entgegen dem Versprechen „in die Hand" (CA I, 901), das er seiner kränklichen ersten Frau – sie stirbt mit nicht einmal 36 Jahren – gegeben hat, aus ähnlicher sexueller Hörigkeit heraus die brutal-nüchterne Hanne Schäl. Sie kann „schuften ... mehr wie vier Männer" (CA I, 927); Henschels Kind aus erster Ehe stirbt. Seine Ehe wird zum Martyrium; die zweite Frau betrügt ihn und Henschel sehnt sich nach seinen Toten, „Da oben sein se." (CA I, 985) Schließlich nimmt er sich das Leben. Die Parallelen zum *Bahnwärter Thiel* sind vielgestaltig und zahlreich; „... auch hier ist die moralische Lähmung des Mannes letztlich nur aus seiner sexuellen Hörigkeit zu verstehen."[21]

---

21 Sprengel 1984, S. 191

3. TEXTANALYSE UND -INTERPRETATION
3.1 Entstehung und Quellen

ZUSAMMEN-
FASSUNG

Bahnwärter Thiel geht auf einen Unglücksfall, vermutlich an der Bahnstrecke von Erkner nach Fürstenwalde geschehen, zurück, den Hauptmann 1887 in einem Themenkatalog aufführte; er konnte trotz aller Bemühungen jedoch nicht bestimmt werden.
Ortsangaben, Milieu und Landschaftsbeschreibungen entsprechen den tatsächlichen Verhältnissen.
Bei ihrer Veröffentlichung in der naturalistischen Zeitschrift *Die Gesellschaft* stand die „Studie" inmitten von Beiträgen zu dem naturalistischen Vorbild Henrik Ibsen und im gleichen Heft wie eine berühmte naturalistische Programmschrift Albertis.

Die Zeit 1885 bis 1889 in Erkner – Hauptmann las u.a. die sozialistische Wochenschrift *Die Neue Zeit* und Karl Marx' *Das Kapital* (1. Band) – und 1888 in der Schweiz war die politisch intensivste in Hauptmanns Leben. Gleichzeitig lernte er naturalistische Kunstprinzipien und deren Vertreter kennen. Im April 1887 erschien das Gedicht *Der Wächter*, das eine ähnliche Thematik hat: Ein „stiller Mann", einst Arbeiter in der Kalkbrennerei von Rüdersdorf, wurde an den Kalköfen lungenkrank – im *Bahnwärter Thiel* ist Thiels Hilfswärter lungenkrank, der sich den Dienst mit ihm teilt – und bewacht nun im todkranken Zustand einen Bahnhof, um für sein Weib und seine Kinder Brot zu beschaffen, bis er im Dienst stirbt, „es dröhnt der Zug und tobet übers Gleis" (CA IV, 48). In der *Allgemeinen deut-*

3.1 Entstehung und Quellen

Gedichte *Im Nachtzug* und *Der Wächter* als Vorstufen zu *Bahnwärter Thiel*

schen Universitätszeitung, herausgegeben von Leo Berg, war im Februar 1887 ein Gedicht mit einer ähnlichen Thematik erschienen: *Im Nachtzug* enthält mehrere Metaphern, die auch im *Bahnwärter Thiel* verwendet werden: „Es poltert der Zug ..." heißt es im Gedicht (CA IV, 54), der in der „novellistischen Studie" zum „Polterkasten" (25) wird. In beiden Texten ist der Zug auch „Dämon" (CA IV, 55) oder „Ungetüm" (16).

Im Oktober 1888 kehrte Hauptmann aus Zürich, wohin er aus Angst vor dem Sozialistenprozess geflohen war, nach Erkner zurück. Im gleichen Monat erschien *Bahnwärter Thiel*. Die Entstehung geht ins Jahr 1887 zurück. Dass Hauptmann das Werk im Frühjahr 1887 aus Zürich M. G. Conrad zugeschickt habe, ist ein Irrtum[22]: Hauptmann war erst 1888 in Zürich.

Stoffanregungen durch Hauptmanns Leben in Erkner, u. a. zu *Bahnwärter Thiel*

Das Leben in Erkner brachte Hauptmann Bekanntschaften und Erlebnisse, die in das dichterische Reservoir des Autors Eingang fanden. Die literarischen Figuren und Begebenheiten, die daraus hervorgingen, sind zahlreich; besonders bekannt wurde der Ortsvorsteher Oscar von Busse, der als Amtsvorsteher Wehrhahn im *Biberpelz* seine Auferstehung erlebte. Von 1887 stammt ein „Themenkatalog"[23] Hauptmanns, in dem unter der Nummer 25 steht „Bahnwärter überfahrenes Kind I." (I bedeutete „Studie"). Später hatte der Dichter nur ungenaue Erinnerungen daran; zur Entstehungsgeschichte trugen sie wenig bei. Hauptmann hatte allerdings Gespräche mit einem Bahnwärter „mitten im Walde zwischen Fangschleuse und einem anderen märkischen Dorf"[24] geführt, deren Inhalt ihm nicht mehr bewusst war.

In Themenkatalog Nr. 25 von 1887: Plan zu Studie „Bahnwärter überfahrenes Kind"

---

22 Vgl. Michael Georg Conrad. *Von Emile Zola bis Gerhart Hauptmann*. Erinnerungen zur Geschichte der Moderne. Leipzig: Hermann Seemann Nachfolger, 1902, S. 78
23 Vgl. Requardt/Machatzke, S. 101 f.
24 Brief Gerhart Hauptmann vom 26. Februar 1937 an Requardt, in: Requardt/Machatzke, S. 116

3.1 Entstehung und Quellen

Als die „novellistische Studie" im Oktoberheft 1888 der *Gesellschaft* veröffentlicht wurde – die Zeitschrift wechselte mehrfach Titel, Herausgeber und Verlagsort –, trug sie den Untertitel *Monatsschrift für Literatur und Kunst*, wurde von Michael Georg Conrad und Karl Bleibtreu herausgegeben und erschien seit 1887 im wichtigsten Verlag der deutschen Naturalisten W. Friedrich in Leipzig. Die Veröffentlichung geschah in einem naturalistischen Umfeld. Im Mai hatte die Zeitschrift Max Kretzers *Die Engelmacherin* – eine „Berliner Skizze" über arme Kinder, die absichtlich zu Tode gepflegt wurden – und Peter Hilles *Ich bin der Mörder* veröffentlicht. Hilles Erzählung wirkte als scharfe Gesellschaftskritik, – Wahrheitssuche in zerrütteten sozialen Verhältnissen –, zielte auf beispielhafte Werke Ibsens und eine Literatur, die unübersehbar antibürgerlich war. Die Theaterkritiken der Zeitschrift beschäftigten sich 1888 dauerhaft mit Werken Henrik Ibsens und im Oktoberheft veröffentlichte Eugen Kühnemann den ersten Teil seiner umfangreichen Untersuchung *Henrik Ibsens Geistesentwicklung und Kunst*, die im Novemberheft fortgesetzt wurde. Der Ibsen der Gesellschaftsstücke habe sich vor allem Wahrheit und Lüge in der Ehe gewidmet[25]. (Später gehörte Kühnemann zu Hauptmanns Bekanntenkreis, hielt 1922 einen Festvortrag über ihn, war dem Dichter freundschaftlich verbunden und teilte Hauptmanns letzte Tage in Schlesien[26].) *Bahnwärter Thiel* ist von Beiträgen über Ibsen umgeben.[27] Unmittelbar davor steht Michael Georg Conrads Erlebnisbericht *Mein Verkehr mit Henrik Ibsen* und wenige Seiten danach folgt Felix Eschwegs Gedicht *An Henrik Ibsen*. Schließlich folgt eine zweite „Studie", Conrad Albertis be-

> Veröffentlichung des *Bahnwärter Thiel* in naturalistischer Zeitschrift *Gesellschaft* im Umfeld von Beiträgen u. a. zu Ibsen

———

25 Eugen Kühnemann: *Henrik Ibsens Geistesentwicklung und Kunst*. In: Die Gesellschaft. Monatsschrift für Literatur und Kunst, hg. von M. G. Conrad und K. Bleibtreu. Leipzig 1888, Oktober-Heft. S. 737
26 Vgl. dazu: Gerhart Pohl: *Bin ich noch in meinem Haus? Die letzten Tage Gerhart Hauptmanns*. Herne: Stiftung Martin-Opitz-Bibliothek in Kommission, 2003, S. 74f., 77
27 Vgl. Bernhardt 2007, S. 55

3.1 Entstehung und Quellen

rühmt-berüchtigte „soziologische Studie" *Die Bourgeoisie und die Kunst*: „Wo immer auf der Erde die Bourgeoisie zur Herrschaft gelangt, hat sie die Kunst unterdrückt, am Aufblühen gehindert."[28]

Großes Lob von der Leserschaft

Die Leserschaft von Hauptmanns „Studie" äußerte, seit Zola keine bessere Novelle in Deutschland gelesen zu haben und fand „die Technik des Vortrages... verblüffend"[29]. Für Hauptmann war die Veröffentlichung des *Bahnwärter Thiel* der Anfang: „Damit war ich als Schriftsteller in die Welt getreten." (CA VII, 1043)

1887 Vereinseintritt bei *Durch!*

Die „Studie" entstand, als Hauptmann den Verein *Durch!* kennen lernte: Am 22. Oktober 1886 schrieb er an Leo Berg, den Verein besuchen und ihm beitreten zu wollen.[30] Die Verbindung stabilisierte sich. Am 21. Januar 1887 trug sich Hauptmann erstmals ins Bundesbuch des Vereins ein („Worte sind Fehlschüsse, leider aber unsre besten Treffer!"[31]). Im März 1887 schrieb er für Leo Berg eine Rezension über Hermann Conradis *Lieder eines Sünders* und hatte sich damit eines Dichters angenommen, der allgemein als herausragendes naturalistisches Beispiel galt. Hauptmann beschäftigte sich mit Georg Büchner, dessen *Woyzeck* und *Lenz* sprachlich und psychologisch Einfluss auf *Bahnwärter Thiel* hatten, aber er entdeckte ihn nicht, wie er selbst glaubte und wie es in Literaturgeschichten zu lesen ist.

Die Georg-Büchner-Rezeption

1878 erschien die „deutsche Wochenschrift für Literatur und Kunst" mit dem Titel *Mehr Licht!*[32] Sie veröffentlichte noch vor der von Karl

---

28 Conrad Alberti: *Die Bourgeoisie und die Kunst*. In: Die Gesellschaft, a.a.O., 1888, Oktober-Heft, S. 830
29 Michael Georg Conrad. *Von Emile Zola bis Gerhart Hauptmann*. Erinnerungen zur Geschichte der Moderne. Leipzig: Hermann Seemann Nachfolger, 1902, S. 78
30 Brief Gerhart Hauptmanns vom 22. Oktober 1886. In: Leo Berg: *Briefwechsel 1884-1891. Kritiken und Essays zum Naturalismus*, hg. von Peter Sprengel. Bielefeld: Aisthesis Verlag, 2010, S. 89
31 Requardt/Machatzke, S. 39, Anm. 12
32 *Mehr Licht!*, eine deutsche Wochenschrift für Literatur und Kunst, erschien wöchentlich im Selbstverlag des Herausgebers Silvester Frey (d.i. Emil Eppenstein) von Oktober 1878 bis Sep-

3.1 Entstehung und Quellen

Emil Franzos herausgegebenen Werkausgabe Georg Büchners sein Fragment *Wozzeck*, wie Franzos den Titel entziffert hatte, nicht nur Auszüge wie die Wiener *Neue Freie Presse* (1875): „Das vorliegende, ebenso geniale als bizarre Fragment erscheint hier zum ersten Male vollinhaltlich, d.h. in jenem Umfange, welchen ihm der Dichter gegeben, abgedruckt."[33] Georg Büchner wurde Schriftstellern der naturalistischen Generation bekannt[34], akzentuiert als „Sozialist aus Überzeugung".[35] 1880 machte das *Magazin für die Literatur des Auslandes*, eine von den Naturalisten frühzeitig eroberte traditionsreiche Zeitschrift, auf Büchner aufmerksam und vermerkte: „Für die meisten Leser wird es sich jedenfalls um eine ganz neue Bekanntschaft handeln."[36] 1881 rezensierte das *Magazin* die Werkausgabe Büchners und sah ihn als „Geistesverwandten Kleists, Grabbes und Hebbels" und als Zeitgenossen: „Er schafft, wie die Natur schafft, getreu ihren Gesetzen."[37] 1884 hieß Richard Voß' Titelgestalt in *Alexandra* schon „Alexandra Wozzeck", und M. G. Conrad konnte sich 1885 auf „unseren genialen Georg Büchner" berufen, dabei einen Brief Büchners ausführlich zitierend, als er beim Naturalismus die Widerspieglung der „schlimmen Wahrheiten des Menschenda-

Wiederentdeckung Büchners durch die Naturalisten, der bei ihnen als „Sozialist aus Überzeugung" galt

---

tember 1879 in 52 Heften. In der Nr. 1 der Zeitschrift begann am 5. Oktober 1878 erstmals vollständig Georg Büchners „Wozzeck" zu erscheinen, wie Franzos den Titel entziffert hatte. Nr. 2 und 3 brachten die Fortsetzung. – Zudem bot die Zeitschrift Übersichten zu literarischen Werken, die auf Grund des Sozialistengesetzes verboten waren.

33 Karl Emil Franzos: *Wozzeck*. Ein Trauerspiel-Fragment von Georg Büchner. In: Mehr Licht, a.a.O., Heft 1, S.5
34 Bereits 1880 hatte die Zeitschrift *Im neuen Reich* (2. Band, S.1006) Büchner als Beispiel für die „Hinneigung zum Realistischen, Natürlichen und ein Hass gegen den Idealismus" vorgestellt und damit jene Bestimmungen verwendet, die die Harts für den Naturalismus ansetzten.
35 Georg Büchners sämtliche Werke und handschriftlicher Nachlass. Erste kritische Gesamtausgabe. Eingeleitet und herausgegeben von Karl Emil Franzos, Frankfurt am Main 1879, S. CXXXV
36 *Literarische Neuigkeiten*. In: Magazin für die Literatur des Auslandes, Leipzig 1880, Nr. 22, S. 313. Erst ab der Nr. 1 des Jahrgangs 1881 wurde der Titel geändert in „Das Magazin für die Literatur des In- und Auslandes".
37 Fritz Lemmermayer: *Georg Büchners Sämtliche Werke*. In: Das Magazin für die Literatur des In- und Auslandes, 50. Jahrgang, Leipzig 1881, Nr. 6, S. 94

3.1 Entstehung und Quellen

1887: Vortrag über Büchner

seins" feststellte.[38] Am 17. Juni 1887 hielt Gerhart Hauptmann im *Durch!* seinen Büchner-Vortrag und las aus *Lenz* und *Dantons Tod* vor, allerdings waren neben dem Autor außer einigen Gästen vom Verein nur drei Mitglieder anwesend.

Selbstkritik Hauptmanns zu *Bahnwärter Thiel* und *Der Apostel*

Als 1892 *Bahnwärter Thiel* und *Der Apostel* gemeinsam als *Novellistische Studien* erschienen, trug Hauptmanns selbstkritisch in sein Tagebuch ein: „Zwei Studien, Schildereien einer versuchenden ungeübten Hand, die nur hie und da eine Farbe richtig auftrug, eine Linie halbwegs sicher zog, im übrigen aber an Form und Empfindungsgehalt mehr Angeeignetes als Eigenes auf die Blätter leitete – zwei Studien übergebe ich hiermit der Öffentlichkeit."[39] Die harsche Selbstkritik Hauptmanns an seinen frühen Werken hat vermutlich mehrere Ursachen: Einerseits hatte sich Hauptmanns Ruhm inzwischen aus den dramatischen Erfolgen gespeist, andererseits gab es

1892: Auflösungserscheinungen des Naturalisten zugunsten der Höhen-Kunst

seit 1892 bereits Bestrebungen, den Naturalismus für überwunden zu erklären und an seine Stelle die Höhen-Kunst zu setzen, wie es Hauptmanns Freund Hugo Ernst Schmidt mit einem Aufsatz in der Zeitschrift *Freie Bühne* tat. Damit trat Naturalistisches zurück.

---

38 M.G. Conrad: *Zola und Daudet*. In: Die Gesellschaft 1885, Nr. 40, S. 749
39 Gerhart Hauptmann: *Tagebuch 1892 bis 1894*, hg. von Martin Machatzke. Frankfurt a. M., Berlin: Wien: Propyläen, 1985, S. 111 f.

3.2 Inhaltsangabe

> Thiel heiratet nach dem Tod seiner ersten Frau Minna die Kuhmagd Lene, weil er seinen Sohn Tobias betreut sehen möchte. Die neue Frau hat Thiel bald völlig in ihrer Gewalt, zumal er ihr sexuell hörig ist. Thiel hat sich in dem abgelegenen Bahnwärterhaus eine Art Heiligtum für die erste Frau eingerichtet und hält die zweite Frau davon fern. Es ist einer der Kompromisse, mit denen er sein Leben führt. Schließlich dringt Lene, da ein neu erhaltenes Kartoffelfeld in der Nähe des Bahnwärterhauses ist, in Thiels Arbeitsbereich vor und zerstört Heiligtum und Ruhe. Als die Familie, zu der inzwischen ein zweites Kind gehört, sich auf dem Acker aufhält, vernachlässigt Lene ihre Aufsichtspflicht und Tobias wird von einem heranrasenden Schnellzug erfasst. Thiel, dessen Kompromisse durch den Tod Tobias' hinfällig geworden sind, tötet in einem Anfall von Wahnsinn seine Frau und beider Kind; er wird in die Irrenabteilung der Charité eingeliefert.

ZUSAMMENFASSUNG

I

Thiel heiratet zum zweiten Mal, hat aber mit der ersten Frau eine geistige Beziehung über den Tod hinaus. Dem Sohn Tobias bringt er Zuneigung entgegen, während die Stiefmutter das Kind immer mehr tyrannisiert, als ein zweiter Junge in die Familie geboren wird.

Thiel aus Schön-Schornstein ist Bahnwärter an der Strecke Berlin-Fürstenwalde-Breslau der Märkisch-Niederschlesischen Eisenbahn – sie wurde 1860 umfassend ausgebaut und war die wichtigste Strecke in Richtung Preußens Osten – und hat sein Bahnwärterhaus in der Nähe von Fangschleuse. Regelmäßig sonntags geht er von

Nach zweijähriger Ehe stirbt Bahnwärter Thiels Frau Minna bei Geburt des Sohnes Tobias

3.2 Inhaltsangabe

Schön-Schornstein nach Neu-Zittau in die Kirche, in die er nach fünf Jahren im Dienst mit einer schmächtig aussehenden Frau Minna kommt, die er nach einiger Zeit heiratet. Nach zwei Jahren stirbt sie bei der Geburt des Sohnes Tobias. Auf dem Sterbebett gelobt Thiel Minna in die Hand, sich zu jeder Zeit um Tobias zu kümmern. Jede zukünftige Entscheidung wird von dieser Verpflichtung, die einem Eid entspricht, mitbestimmt werden. Nach einem weiteren Jahr, in dem eine alte Frau Tobias betreute, aber dabei manches Unheil geschah, heiratet Thiel erneut, diesmal eine robuste Kuhmagd aus Alte-Grund, die körperlich gut zu ihm passt, aber die Herrschaft im Hause und über ihn übernimmt. Thiel begegnet ihrer Zanksucht mit Zurückhaltung und Ruhe, „als trüge er etwas in sich, wodurch er alles Böse, was sie ihm antat" (7), überstehen konnte. Nur wenn es um Tobias geht, tritt er Lene anfangs entschieden und fest, später seltener entgegen, am Ende nicht mehr. Die Ursache liegt in Lenes Sexualität, die ihn „in allem fast unbedingt von ihr abhängig" (7) macht. Um ein Gegengewicht zu schaffen, erklärt er sein abgelegenes Wärterhaus „insgeheim gleichsam für geheiligtes Land" (7), welches der toten Minna gewidmet ist. An diesen Ort darf ihn Lene nicht begleiten und seine Zeit kann er nun zwischen der Lebenden und der Toten teilen. Wichtig sind die Nächte, denn dann wird das Wärterhaus zur Kapelle, in der er seine Andachten hält, in Ekstase gerät und dabei die Tote vor sich sieht. Abwechslung in der Abgeschiedenheit ist in all den Jahren selten: Der Zug überfährt einen Rehbock, der kaiserliche Sonderzug fährt durch, bei der Streckenbesichtigung findet Thiel eine Weinflasche. Manchmal stillen Bahnarbeiter oder der Förster am Brunnen des Wärterhauses ihren Durst. Tobias entwickelt sich langsam. Lene bringt einen Jungen zur Welt; ihre Beziehung zum zweijährigen Tobias schlägt in Abneigung um. Tobias muss sich in der Betreuung des kleinen Bruders aufreiben und wird von der Stiefmutter so geplagt, dass

Thiel ignoriert Hinweise auf Lenes Misshandlung des entwicklungsverzögerten Tobias; Lene bekommt gesundes Kind

3.2 Inhaltsangabe

wohlmeinende Nachbarn Thiel zu informieren versuchen, der aber „die Winke nicht verstehen" (9) und seinen Kompromiss leben will.

II
Zwei Ereignisse setzen die Handlung in Bewegung und Thiels Lebenskompromiss außer Kraft: Die Thiels müssen sich nach einem neuen Acker umsehen und Thiel wird Zeuge, wie Lene Tobias brutal behandelt. Nur mühsam kann er sich beherrschen, aber Lenes Sinnlichkeit siegt über sein Aufbegehren.

Aus Jahresangaben wie im Abschnitt I werden nun Tagesangaben. Mit einer präzisen Zeitangabe, die auf wichtige Ereignisse schließen lässt und auf eine beginnende Handlung deutet, wird der zweite Teil eröffnet: „An einem Junimorgen gegen sieben Uhr ..."(9) erfährt Thiel bei der Heimkehr vom Nachtdienst, dass der Pachtacker, auf dem sie Kartoffeln anbauten, gekündigt worden ist. Statt sich der daraus folgenden Auseinandersetzung zu stellen, widmet er sich seinem Sohn und stellt fest, dass der geschlagen worden ist. Als Lene erneut über den fehlenden Acker klagt, teilt ihr Thiel mit, dass er vom Bahnmeister ein Stück Land in der Nähe seines Bahnwärterhauses bekommen hat, auf dem sogar „zwei Zwergobstbäume" (10) stünden. Lene eilt davon, um die Nachricht im Ort zu verkünden. Inzwischen berät Thiel sich mit Tobias über dessen Beruf, auf die Frage danach kommt „stereotyp" (10) wie immer die Antwort: „‚Ein Bahnmeister'" (10). Nichts wünscht Thiel sehnlicher als das, denn eine solche Stellung bedeutet ihm „etwas Außergewöhnliches" (10). Nach dem Vormittagsschlaf spielt Thiel mit Tobias an der Spree und beaufsichtigt die anderen spielenden Kinder, was ihm die Leute verübeln, obwohl sie darüber zufrieden sein sollten. Der Tag läuft ohne jede Aufregung ab; Thiel schläft mehrfach und bereitet sich abends wieder auf den Dienst vor. Dann verlässt er seine Wohnung und tritt wieder in das andere abgeschiedene

Präzise Zeitangaben bei Tagesablauf

Neuer Pachtacker beim Wärterhaus

3.2 Inhaltsangabe

Reich des „aufrauschenden Kiefernforstes" (12) ein, in dem er seinen Weg blindlings findet. Auf halber Strecke merkt Thiel, dass er das „Butterbrot" (12) daheim liegengelassen hat. Als er deshalb zurückkehrt, erlebt er, wie Lene den kleinen Tobias quält und vor ihm ausspuckt. Nur mühsam kann sich Thiel beherrschen, es droht „ihn zu überwältigen" (13); aber die sinnliche Ausstrahlung Lenes zwingt ihn wieder in ihren Bann und Thiel wird wie von einem Netz gefesselt. Er nimmt wortlos das vergessene Brot und macht sich wieder auf den Weg.

Marginalie: Thiel wird Zeuge, wie Lene Tobias schlägt und beherrscht sich mühsam

III

Zwei dämonisch wirkende Zugdurchfahrten erlebt Thiel, ehe er mit Tobias eine Streckenbegehung unternimmt. Alles drängt auf die Katastrophe zu: Lene nimmt den neuen Acker in Besitz und gefährdet Thiels Refugium. Vertieft in ihre Arbeit auf dem Acker, vergisst sie ihre Aufsichtspflicht gegenüber Tobias, der das Opfer eines durchfahrenden Schnellzuges wird. Thiel verliert die Besinnung, bringt Lene und beider Kind um und wird irrsinnig.

Der Beginn weist auf die kommende Katastrophe hin: Thiel, ein Muster an Pünktlichkeit und Genauigkeit, kommt erst „nach der ordnungsmäßigen Zeit an den Ort seiner Bestimmung" (15) und löst den Hilfswärter verspätet ab; Thiels Ordnung beginnt sich aufzulösen. Dieser Auflösungsprozess umfasst alle Bereiche, den Dienst, die Familie, das Gleichgewicht von Leben und Tod; er wird durch eine sprachliche Vielfalt charakterisiert, die von Naturschilderungen bis zu Todesbeschreibungen reicht, wobei diese Vorgänge kaum mehr nebeneinander stehen, sondern ineinander übergehen. Thiel versucht, wieder eine Ordnung herzustellen und geht dann seinen Pflichten nach. Die Vorbeifahrt des Zuges aus Breslau wird zu einer Art Traumerlebnis voller Gefahren und orgiastischer Zustände (16 f.). Als Thiel in der sich anschließenden ruhigen Zeit beginnt,

Marginalien: Zunehmender Auflösungsprozess in Bereichen Dienst, Familie, Leben/Tod und Sprache; Vorbeifahren eines Zuges als gefahrvollorgiastisches Traumerlebnis

3.2 Inhaltsangabe

den neu erhaltenen Acker umzugraben, wird ihm die veränderte Situation bewusst, die seine Grundordnung, das Leben mit den beiden Frauen an getrennten Orten, „die hergebrachte Lebensweise in bedenkliche Schwankungen" (17) bringen musste: „‚Nein, nein, das geht ja gar nicht.'" (17) In einem Traum Thiels wird der Unfall des Kindes episch vorweggenommen; die verstorbene Minna erscheint mit einem Bündel im Arm, „etwas Schlaffes, Blutiges, Bleiches", auf den Gleisen (19). Die Vorbeifahrt des Zuges wird zum unheimlichen Erlebnis, Thiel „fühlte ein Grauen" (20). Dem grauenhaften Traumerlebnis schließt sich ein „herrlicher Sonntagmorgen" (20) an. Am folgenden Montag geht Lene mit zum Bahnwärterhaus, um den Acker zu bestellen. Die Kinder werden mitgenommen.

<small>Thiel empfindet Lenes Einbruch in Minnas Wärterheiligtum als bedrohlich (vgl. Traumerlebnis Thiels)</small>

Tobias erlebt einen beglückenden Spaziergang an der Seite des Vaters durch dessen Arbeitsrevier – Blumen, blauer Himmel, ein Eichhörnchen, das er für Gott hält, und das „Goldlicht der Sonne" (23) beschreiben an der Grenze der Trivialität höchste Harmonie, einen Paradieszustand. Zurückgekehrt zum Bahnwärterhaus kommt es in der gleichen Landschaft – die ihren Charakter ändert und von Dampf, Pfiffen, „kurz, grell, beängstigend" (24), Bremsen und Notpfiffen geprägt ist (24) – zu Tobias' Unfall auf den Gleisen. Er lebt, man will ihn nach Friedrichshagen bringen. Thiel nimmt seinen Dienst wieder auf, die Uhr fällt „aus seiner Tasche", das ist ein schreckliches Omen. In Thiels Bewusstsein fallen die Tobias verabreichten Schläge und der Unfall zusammen. Alle Schuld sieht Thiel bei Lene, der „Stiefmutter, Rabenmutter .... und ihr Balg lebt" (29). Morddrohungen an Lene brechen aus ihm heraus. Ein erster Mordversuch an dem „Kleine(n)" (29), Lenes „Balg", bleibt unvollendet. Die Versuche, Tobias zu helfen, sind gescheitert: Der Kieszug, der die Arbeiter an der Strecke aufnimmt, bringt den toten Tobias zurück; Thiel wird beim Anblick des toten Jungen ohnmächtig. Man bringt den Bewusstlosen nach Hause. Die endgültige Katastrophe

<small>Retardierendes Element: Tobias paradiesischer Spaziergang mit Vater

Darauf folgt bedrohliche Landschaftsbeschreibung mit Ankündigung eines Zuges</small>

3.2 Inhaltsangabe

ist eingetreten: Thiels Ordnung ist nicht nur in Gefahr, sondern unwiederbringlich zerstört. In diesem Moment hat auch er keinen Platz mehr in dieser Welt, in der er ohne die von ihm gewählte Ordnung nicht leben kann. Er tötet Lene und ihren „Balg", der auch der seine ist. Als die Bahnarbeiter den toten Tobias ins Haus bringen, stoßen sie auf die Leichen von Lene und ihrem Kind. Thiel finden sie schließlich zwischen den Gleisen dort, wo „Tobiaschen überfahren worden war" (32). Er wird zuerst ins Untersuchungsgefängnis, dann „jedoch schon am ersten Tage" (32) als Wahnsinniger in die Charité, Berlins berühmtes Krankenhaus, eingeliefert.

3.3 Aufbau

> **ZUSAMMENFASSUNG**
>
> Die Genrebezeichnung „novellistische Studie" enthält Hinweise auf den Aufbau: Novelle und Studie stammen aus unterschiedlichen geistigen und zeitlichen Bereichen.
> *Bahnwärter Thiel* ist in drei Abschnitte gegliedert, die Theodor Storms Novellendefinition ähnlich erscheinen und auf eine dramatische Struktur verweisen.
> „Studie" zielt auf den naturalistischen Anspruch, Kunst und Wissenschaft einander anzunähern.

„Novellistische Studie" als Genrebezeichnung

Das Verständnis für die Spezifik der Novelle hat Goethe wesentlich bestimmt, indem er sie als eine „sich ereignete unerhörte Begebenheit" (zu Eckermann, 25.1.1827) bezeichnete. Diese Charakterisierung wirkte in zahlreichen Begriffsbestimmungen der Novelle im 19. Jahrhundert nach; der Realismus des 19. Jahrhunderts wurde eine Blütezeit für die deutsche Novelle (Gottfried Keller, Theodor Storm, C. F. Meyer u. a.). Diese Entwicklung verhinderte den Zugriff der Naturalisten zu diesem Genre, empfanden sie doch die Werke der älteren Generation als zu subjektiv und ästhetisch, als zu „schön". Sie orientierten sich dagegen an den naturwissenschaftlich-mechanischen Beschreibungen der Wirklichkeit. Das führte zu Genrebezeichnungen wie „novellistische Studie".

Hauptmanns „novellistische Studie" ähnelt – es sind drei voneinander klar unterscheidbare Teile – an die Beschreibung Theodor Storms von 1881. Er nannte die Novelle „die Schwester des Dra-

Novelle (nach Goethe eine „sich ereignete unerhörte Begebenheit") erlebte Blütezeit im Realismus des 19. Jahrhunderts

Naturalisten war Novelle „zu ästhetisch"

3.3 Aufbau

Novelle war für Hauptmann nach Storm „Schwester des Dramas" und „strengste Form der Prosadichtung"

mas und die strengste Form der Prosadichtung"[40]. Die von ihm konstatierten Eigenschaften weist Hauptmanns Studie aus, wenn bei der Betrachtung das Schicksal des Sohnes Tobias in den Mittelpunkt gestellt wird: Gestaltung tiefster Probleme des Menschenlebens, ein im Mittelpunkt stehender Konflikt, geschlossene Form und die „Ausscheidung alles Unwesentlichen". Hauptmanns dramaturgischer Aufbau der „novellistischen Studie" kommt dem antiken Drama entgegen:

Textgliederung entspricht antiker Dramenform mit Exposition und erregendem Moment in I, Steigerung in II und Höhepunkt mit Peripetie, retardierenden Elementen und Katastrophe in III

→ Exposition und erste Entwicklung in Abschnitt I: Thiel verliert seine erste Frau und heiratet die zweite. Seine Willensfreiheit ist so groß, dass er sein Leben teilt „zwischen die Lebende und die Tote" (8), die zu unterschiedlichen, unvereinbaren Orten gehören. Personen, Orte und Zeitverhältnisse werden dargestellt. Für Tobias beginnt mit der neuen Ehe und der Geburt des Halbbruders eine schwere Zeit (erregendes Moment)

→ Steigerung in Abschnitt II: Erregende Momente – der Kartoffelacker geht verloren, Tobias wird geschlagen. Beide Vorgänge sind Voraussetzungen für das weitere Geschehen; ohne sie gäbe es keinen Unfall und ohne diesen keinen Wahnsinn Thiels. Tobias wird gedemütigt. Selbst der Vater hilft ihm nicht, er wird „zuletzt in allem fast unbedingt von ihr (Lene, R. B.) abhängig" (7), damit verliert er wesentliche Teile seines Willens. Die Spannung entsteht durch die Frage, wie lange der sexuell hörige Thiel über Lenes Misshandlungen des Stiefsohnes hinwegsieht.

→ Höhepunkt mit Umschlag (Peripetie) der Handlung, retardierenden Momenten und Katastrophe in Abschnitt III: Die

---

[40] Theodor Storm: *Eine zurückgezogene Vorrede aus dem Jahre 1881*. In: ders.: Sämtliche Werke, hg. von Albert Köster. Leipzig: Insel Verlag, 1920, Band 8, S. 368 f.

3.3 Aufbau

Vorgänge des 3. bis 5. Aktes einer Tragödie werden im umfangreichsten Abschnitt verdichtet, der das Ende vorbereitet. Dabei stoßen gegensätzliche Welten (Bahnwärterhaus – Lenes Acker, Natur – Zivilisation, Tobias – Halbbruder, Ordnung – Unordnung u.a.) zusammen. Als Thiel sein Kind und die zweite Frau ermordet, entsteht Willensfreiheit nur noch in den Grenzen des Wahnsinns.

„Novelle" hat für den Text nur eine untergeordnete Bedeutung, ist diese Spezifik doch in das Attribut gedrängt worden: Dagegen polemisiert die „Studie", die im Unterschied zu anderen Studien – im gleichen Heft der *Gesellschaft* erschien noch eine „soziologische Studie" – als „novellistisch" bezeichnet wird.

„Studie" hat in jedem Falle mit Entwurf und wissenschaftlicher Untersuchung (Fallstudie, Feldstudie, Laborstudie usw.) zu tun und ist in den Naturwissenschaften, aber auch in der Ökonomie und schließlich in der (bildenden) Kunst ein fester Begriff. Mit ihr verknüpft sind empirische Untersuchungen, wissenschaftliche Beobachtungen und genau festgelegte Bedingungen. Sie korrespondiert mit der „Skizze", die in ähnlicher Art wissenschaftlich in Architektur und Mathematik, Vermessungstechnik (Feldskizze) und Geometrie (Planskizze) eingesetzt wird, aber auch zu den Künsten gehört: die Skizze eines Bildes und die Skizze als nicht ausgeformter Prosaentwurf sowie als Entwurf einer dramatischen Handlung. Selten ist ihr Gebrauch in der Lyrik zu finden. „Studie" und „Skizze" führen eine Art Experiment vor, das nicht abgeschlossen ist oder durch die Studie/Skizze einer Lösung angenähert werden soll. Dazu teilen Studien/Skizzen genaue Zeit-, Orts- und Untersuchungsangaben mit. Im Naturalismus werden beide Begriffe verwendet, um die Nähe von Kunst und Wissenschaft zu demonstrieren, die sich beide möglichst objektiv der Wirklichkeit widmen, das bedeutet auf dem

Begriffe „Studie" und „Skizze" aus Naturwissenschaften, Ökonomie und Kunst bekannt

Genaue Zeit-, Orts- und Untersuchungsangaben; Zurückhaltung des Autors zugunsten der objektiven Wirklichkeitsbeschreibung

3.3 Aufbau

DIE DRAMATISCHE STRUKTUR (DRAMENDREIECK) DER NOVELLISTISCHEN STUDIE

Abschnitt III = 3.–5. Akt:
Höhepunkt, Handlungsabfall, Katastrophe

Zusammentreffen der getrennten Bereiche:
„Grauen" (20) und Frieden treffen aufeinander. Die Züge werden zu Dämonen.

Abschnitt II = 2. Akt:
Steigerung, Verknüpfung

Handlungsbeschleunigung:
Tobias wird geschlagen; Thiel erlebt das Martyrium, wird aber erneut von Lenes Sinnlichkeit besiegt. Verlust des Kartoffelackers, neuer Acker am Bahnwärterhäuschen

→ Annäherung der Bereiche Minna und Lene

4. Akt: Handlungsabfall (Peripetie)

Tobias erlebt die Welt des Vaters als Reich Gottes (23) und als Gefährdung.

Abschnitt I = 1. Akt:
Exposition, Steigerung

Erregendes Moment:
Für Tobias beginnt eine schlimme Zeit, er wird drangsaliert und „geplagt" (9). Thiel lebt mit der toten Minna und der lebendigen Lene, der Heiligen und der Sinnlich-Bösen an unterschiedlichen Orten.

5. Akt: Katastrophe

Tobias wird verletzt und stirbt. Thiel wird ohnmächtig.

Thiel wird wahnsinnig und ermordet Lene und ihr Kind.

Thiel wird in einer Irrenanstalt untergebracht.

3.3 Aufbau

Historisches Bahnwärterhaus an der märkischen Eisenbahnstrecke nach Berlin

Gebiet der Kunst, dass sich der Schöpfer des Kunstwerkes zurückhält.[41] Seit 1890 erschien in Wien die *Moderne Dichtung* (hg. von E. M. Kafka), in der im II. Band 1890, 1. Heft, Gerhart Hauptmanns dritte Prosaarbeit *Der Apostel. Novelle* erschien, die 1892 gemeinsam mit dem *Bahnwärter Thiel* als *Novellistische Studien* publiziert wurde.

Orts- und Zeitangaben

Bei Hauptmanns Text handelt es sich um einen genau beschriebenen zeitlichen Verlauf, der über zehn Jahre geführt wird, um dann

---

41 Nach Paul Ernst, der hier stellvertretend für ähnliche Bestimmungen steht und eine Beziehung zum *Bahnwärter Thiel* entwickelte (s. S. 97 der vorliegenden Erläuterung), waren „Skizze oder Studie" befreit vom Subjekt des Künstlers. Vgl. Paul Ernst: *Der Weg zur Form. Ästhetische Abhandlungen.* Berlin: Verlag von Julius Bard, 1906, S. 35

3.3 Aufbau

in seine Endphase zu treten. Der zeitliche Verlauf wird von Konstanten wie „allsonntäglich" bestimmt. Ebenso verhält es sich mit den Ortsangaben, die in der Erstveröffentlichung im Untertitel begannen: „Novellistische Studie aus dem märkischen Kiefernforst". Die Ortsangabe entsprach dem Verlangen nach dokumentarischer Treue naturalistischer Kunst und ließ zudem die biografisch-authentische Beziehung Hauptmanns zu seinem Stoff erkennen. Sie weist auf flach-hügeliges, sandiges Gelände hin, das von Kiefern dominiert wird. Während „Mark" ursprünglich vieldeutig war – es waren Grenzlandschaften des Heiligen Römischen Reiches Deutscher Nation, beherrscht von Markgrafen wie insbesondere in der Mark Meißen, aber auch der Mark Brandenburg –, wurde „märkisch" mit Brandenburg in Beziehung gebracht. Nach dem Untertitel erfolgt eine Bestimmung der Landschaft mit den Ortsangaben „Neu-Zittau" und „Schön-Schornstein", von denen der erste auf ein altes Vorbild (Zittau), der zweite als „Kolonie an der Spree" (5) auf neue Siedlungsgebiete verweist. Später gesellt sich „Alte-Grund" dazu und erweitert die Vorstellung vom Siedlungsgebiet durch den Hinweis auf alteingesessene Bevölkerung gegenüber neu hinzugekommenen Arbeitersiedlungen, Alte-Grund wurde Teil der neuen Industrielandschaft von Rüdersdorf.

Randnotizen:
- Bei Erstveröffentlichung: Ortsangabe „märkischer Kiefernforst" im Untertitel
- Weitere Ortsangaben: „Neu-Zittau", „Schön-Schornstein" und „Alte-Grund"

Erzählsituation, Symbole und Motive

Erzählt wird *Bahnwärter Thiel* in einer grandios entwickelten Abfolge von unterschiedlichen Erzählsituationen, die sich der Handlung anschließen. Der Abschnitt I hat mehrere auktorial erzählte Abschnitte, aber der auktoriale Erzähler zieht sich so weit von seiner Position zurück, dass der Abschnitt wie personal erzählt (Erzählerbericht) erscheint. Der auktoriale Erzähler verwendet nur, was „die Leute" „meinten", „versicherten", „einzuwenden hatten" usw. (5 f.) Fast verschämt – als traute man sie Thiel nicht zu – klingt erlebte

Randnotiz: Angedeuteter auktorialer und personaler Erzähler in I, erlebte Rede schildert Thiels Verfassung

3.3 Aufbau

Historische Aufnahme von Neu-Zittau

Rede an, die auf Thiels Verfassung weist: Einmal „erklärte er" (7) sein Wärterhäuschen „insgeheim gleichsam für geheiligtes Land" und „hoffte", das es so bleiben würde. Beides sind Abkommen mit sich selbst. Im Abschnitt II bestimmt personales Erzählen den Text: Der Erzählerbericht herrscht vor und nimmt eingestreute erlebte Rede auf („Träume des Wärters", „er hegte ... Wunsch und Hoffnung", 10; „dachte" und „fühlte", 12 f.). Der Erzähler ist nur an einer Stelle noch zu erahnen („Die Leute verübelten ihm ...", 11). Leser und Thiel erleben die gleiche Außenwelt; der Leser bekommt zusätzlich Einblick in die Innenwelt Thiels. Handlung und Erzählvorgang werden auf die Sicht des Bahnwärters konzentriert. Abschnitt III überträgt die Unordnung, die in sein Leben einbricht, auch auf das Erzählen, in dem es schnelle Wechsel gibt: Es werden Gefahren signalisiert („drei schrillen Schlägen", 15), die Natur dämonisiert sich unter dem Eindruck der modernen Technik, die zum „Unge-

Personaler Erzähler in II
→ Innensicht Thiels

Erlebte Rede in III zeigt innere und äußere Unordnung, Katastrophe wird im Erzählerbericht geschildert

3.3 Aufbau

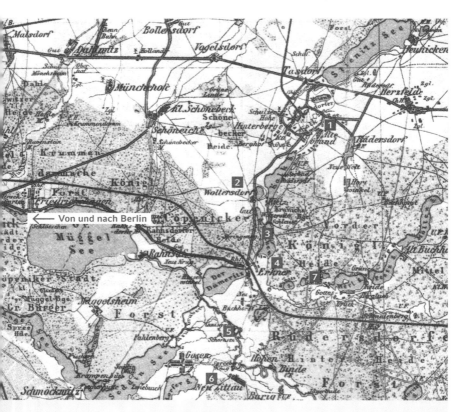

Historische Landkarte (1869) mit biografisch und literarisch wichtigen märkischen Orten

1: Alte-Grund bei Rüdersdorf
2: Woltersdorf
3: Flaken-See
4: Erkner
5: Schön-Schornstein
6: Neu-Zittau
7: „Thiels" Station Fangschleuse an der niederschlesischen märkischen Eisenbahnstrecke

3.3 Aufbau

tüm" (16) gerät. Der Anteil der erlebten Rede vergrößert sich (erwachen, dumpfe Grübelei, kam ihm vor, erinnerte sich, dachte usw.) – Thiel führt Dialoge mit seinem Inneren (17–19) –, um die Katastrophe vollständig dem Erzählerbericht zu überlassen, der zudem vom Präteritum in das Präsens wechselt und dadurch die Ausnahmesituation hervorhebt („Ein Aufschrei zerreißt die Luft ....", 25 bis „.... erreichte er sein Häuschen", 26). Vor der Rückkehr ins Präteritum erscheint erneut die erlebte Rede („Thiel scheint zu überlegen.... ", „.... sagt er sich", 26). Sie tritt danach zurück und macht dem Wahnsinn Platz; der Zerfall des Bewusstseins wird sprachlich genau umgesetzt („Er ertappte sich auf den unsinnigsten Vorstellungen... ", „Mit eins begriff er... ", 29). Gegen Ende – Thiel ist sprachlos geworden und zu erlebter Rede unfähig – übernimmt der Erzähler wieder den Bericht („Alte, erfahrene Leute hatten.... ", 31) und führt ihn als solchen zu Ende, wobei seine lapidaren Mitteilungen an das Ende von Goethes *Die Leiden des jungen Werther* erinnern.

> Schluss als Erzählerbericht erinnert an Goethes *Werther*

Der Konflikt

Die „novellistische Studie" arbeitet mit Gegensätzen wie bei der Darstellung von Thiels Frauen: Minna und Lene sind physisch und psychisch Kontraste, sie stehen für Tod und Leben, das Heilige (8) und das Böse (7). Die Orte sind gegensätzlich: Der sozial beschreibbare Wohnort in Schön-Schornstein als Ort des alltäglichen, nüchtern-brutalen Lebens und das individuelle Heiligtum im Bahnwärterhaus als „geheiligtes Land"; die Kinder der beiden unterschiedlichen Frauen sind gegensätzlich, die Situationen sind gegensätzlich: Thiel betreut Tobias und die Kinder der Nachbarschaft am Fluss, Lene nicht einmal den Stiefsohn an den Bahngleisen usw. Dieses Prinzip der Gegensätzlichkeit bestimmt den Umgang mit dem Konflikt. Konflikte sind in Gerhart Hauptmanns literarischem Werk von besonderer Art: Sie werden durch gegensätzliche Posi-

> Gegensatzdarstellung (Orte, Frauen, Kinder) als ästhetisches Prinzip bestimmen Konfliktgestaltung

> Dualität wird beschrieben, aber nicht gelöst

3.3 Aufbau

Hauptmanns Bekenntnis zur Unentschiedenheit bzw. Uneindeutigkeit in Politik, privaten und ästhetischen Fragen

tionen beschrieben, aber meist nicht gelöst. Das gehört zur Spezifik seiner künstlerischen Methode und ist Folge seiner charakterlichen Veranlagung, die immer die duale Widerspiegelung eines Sachverhaltes anstrebt.

Auf allen Gebieten seines Lebens, ob in der Ehe, in der privaten Lebensführung, in der Auseinandersetzung mit politischen Entwicklungen und bei der Berufung auf ästhetische Programme verzichtete Hauptmann auf Eindeutigkeit. Viele seiner Dramen haben einen offenen Schluss, eine Spezialität Hauptmanns. Der berühmte stereotype Ausspruch „Nu jaja, nu nee nee!" des Ansorge aus Gerhart Hauptmanns *Webern,* den der Dichter vielfach in seinen Werken und den Selbstaussagen variierte, ist das Bekenntnis zu einem Leben, das die Nichtentscheidung zum Prinzip und die Unentschiedenheit zum Wert machte. Alles ist im Fluss und alles ist möglich. Das führte in den Dramen zu offenen Schlüssen, in der sprachlichen Gestaltung der Prosa zur Setzung gegensätzlicher Begriffe und bei Konflikten nicht zur Lösung, sondern zur Aufhebung.

Tendenz zum offenen Schluss in Hauptmanns Dramen

Thiel begegnet dem Konfliktbündel, bedingt durch die beiden Frauen, mit Unentschiedenheit. Obwohl er von Tobias' Leiden unter der Stiefmutter weiß, greift er nicht ein. Für den Umgang mit seinen beiden Frauen schafft er sich getrennte Refugien, die nichts miteinander zu tun haben und zu tun haben dürfen: Thiel weiß um die Gegensätze zwischen der geistigen Liebe zu Minna und der Sehnsucht nach Lenes Triebhaftigkeit, zwischen dem kränklichen Tobias und dem kraftstrotzenden Halbbruder, zwischen seiner Welt des Wärterhauses und Lenes Welt des „Häuschens" (6), in dem die Thiels den oberen Teil bewohnen (13, 32). Aber er will „auch die Winke nicht verstehen" (9), mit denen ihm Konflikte signalisiert werden, weil er sie nicht lösen will und kann. Erst als durch Tobias'

Konflikt wird nicht gelöst, sondern vernichtet und mit ihm Thiel

Tod ein Konfliktpunkt entfällt, bricht Thiels Leben im Kompromiss zusammen und er wird zur Vernichtung der Konfliktreste gedrängt:

3.3 Aufbau

Er tötet Lene und ihren Sohn aus seiner zweiten Ehe. Der Konflikt wird nicht gelöst, sondern vernichtet und reißt seine zentrale Gestalt, Thiel, mit sich.

Der Text hat, gemessen an der Wortkargheit und den Möglichkeiten Thiels als einzeln agierender Bahnwärter, mit ca. 20 Prozent einen relativ hohen Anteil an Dialogen; vom Verstummen, wie in anderen naturalistischen Arbeiten, ist keine Rede. Manchmal ist Thiel nur Zeuge, wie bei Lenes Ausbrüchen gegen Tobias. Seine Dialoge beginnen beim Pfarrer, führen über Gespräche mit Lene und Tobias bis zum monologisierenden Dialog mit der toten Minna. Der Höhepunkt der Dialoge wird erreicht, als die Normalität aufgehoben wird: Der Zug rast nicht wie üblich an Thiels Wärterhäuschen vorbei, sondern bremst, weil Tobias überfahren wurde. Sprachliches wird nun auf Rufe reduziert (24 ff.), in Schreie verwandelt, ins Monologische gedrängt (28) und erstickt schließlich im Schweigen: Von Thiel bekommt man „keine Antwort" (32) mehr.

Relativ hoher Dialoganteil, v. a. bei Katastrophe

3.4 Personenkonstellation und Charakteristiken

ZUSAMMENFASSUNG

Die Personenkonstellation ist fast nach antikem Muster gestaltet: Bahnwärter Thiel steht zwischen zwei Frauen, der verstorbenen Minna und der zweiten Ehefrau Lene. Er steht auch zwischen zwei Kindern, dem Sohn Tobias aus erster Ehe, den er liebt, und dem Kind aus zweiter Ehe, das ihm gleichgültig ist. Da die beiden Frauen gegensätzlich veranlagt sind und Thiel nach dem Tode der ersten Frau sich immer noch geistig zu dieser hingezogen fühlt, andererseits von der zweiten Frau sexuell abhängig ist, entstehen Konflikt und Katastrophe.

Bahnwärter Thiel

Eine von Hauptmanns bekanntesten Figuren

Klangliche Ähnlichkeit zu Segelmacher Kielbock aus Fasching (für Untergang seiner Familie verantwortlich)

Angelsächs. Til „Mann" (hier: zwischen zwei Frauen), ahd. Thiot „Volk, Menschen"

Pflichtbewusster Christ

ist eine der bekanntesten Gestalten aus Hauptmanns gesamter Dichtung. Der Dichter hat den Figuren seiner frühen Prosawerke sprechende Namen gegeben; der „Segelmacher Kielblock" aus *Fasching* ist ein Beispiel. Deshalb muss auch beim Namen Thiel, der seine größte Verbreitung im Saarland, Niedersachen und Sachsen hat, danach gefragt werden. Es fällt auf, dass der Name in Silbenzahl und lautlichem Anklang dem historischen Vorbild des Segelmachers Kielblock ähnlich ist: Thiel – Zieb. Zieb (Kielblock) war für den Untergang seiner Familie verantwortlich, auch Thiel ist in diesem Sinne verantwortlich. Außerdem bedeutet der Vorname Til (angelsächsisch) „Mann", als thiot (althochdeutsch) „Volk" oder „Menschen". Die Kombination von Schuld am Untergang der Familie und dem Mann zwischen zwei Frauen lässt den Namen Thiel zu einem sprechenden werden.

Thiel ist seit zehn Jahren Bahnwärter und hat seine Aufgaben immer erfüllt. Nur zweimal ist er ausgefallen; beides waren Unglücks-

3.4 Personenkonstellation und Charakteristiken

fälle. Bereits das erste Wort des Textes „allsonntäglich" (5) kennzeichnet Thiel als pflichtbewussten Christen, der sich nur durch Unfälle vom Kirchgang abhalten lässt. Das Wort wird wiederholt, nachdem er seine zweite Ehe geschlossen hat (6). Geht man davon aus, dass Thiel die Beamtenstellung des Bahnwärters über den Zivilversorgungsschein erhalten hat, der nach Ableistung eines zwölfjährigen Militärdienstes vergeben wurde, so trat Thiel als 33-Jähriger in den Bahndienst. Vom Militärdienst, auf den die Sekundärliteratur selten hinweist[42], wirkt vieles nach: die „militärisch gescheitelt(en)" Haare (5), die Vorbereitung auf den Dienst: „ ... jeder Handgriff war seit Jahren geregelt" (11), die Genauigkeit und preußische Korrektheit in der Dienstführung, die Dominanz der Pflicht, der Stolz auf die und die Sorgfalt im Umgang mit der Uniform (5), das „unverwüstliche Phlegma" (7) und die Bereitschaft zur Unterwerfung unter eine stärkere Gewalt. Als Thiel der tote Tobias in einer Baulore gebracht wird, schreitet er „mit langsamem, fast militärisch steifem Schritt auf den letzten Wagen zu" (30). Die Ähnlichkeit zwischen Büchners Woyzeck und Hauptmanns Thiel hat in den ästhetischen Prinzipien beider Dichter ihren Grund, aber auch in Thiels und Woyzecks Militärdienst und dem militärisch geprägtem Lebenslauf, der in beiden Fällen zum Ausbruch von Geisteskrankheit und Mord führt. Legt man den langjährigen Militärdienst zu Grunde, erklärt sich Thiels Charakter: Er erscheint streng pflichtbewusst, emotionslos und erfüllt penibel die dienstlichen Aufgaben. Befehlsgewohnt und ausgesprochen ordnungsbewusst ordnet er sich in Hierarchien ein und unterwirft sich dem, der das „Regiment" (6) führt.

> Auf zwölfjährigen, charakterprägenden Militärdienst (vgl. Woyzeck) folgen 10 Jahre als kleiner Bahnwärter-Beamte

> Emotionslos, penibel, befehlsgewohnt, Unterordnung in Hierarchien

---

[42] Lediglich Mahal 1993, S. 204 sagt, dass die „Militärzeit" Thiel diszipliniert habe, versteht aber darunter keine zwölfjährige Dienstzeit.

3.4 Personenkonstellation und Charakteristiken

Thiels sozialer Stand: armes Kleinbürgertum

Zu Beginn der Handlung sind zehn Jahre als Bahnwärter vergangen, Thiel ist inzwischen 43-jährig. (Die Altersverhältnisse im *Bahnwärter Thiel* entsprechen in etwa denen im *Fuhrmann Henschel*.) Thiel ist kein Außenseiter, sondern ein korrekter, pflichtbewusster Mensch, der seine Tätigkeit wechselnd mit einem Hilfswärter und in Abgeschiedenheit ausübt. Kontakte sind dadurch selten. Seine besondere Stellung entsteht daraus, dass er als Beamter auf der untersten Sprosse der Beamtenhierarchie steht, zum armen Kleinbürgertum zählt und sozial nichts mit den Forstarbeitern, Bauern, Schiffern und Fischern zu tun hat, die in Schön-Schornstein und Neu-Zittau wohnen. Von den „Fischern und Waldarbeitern" (13) in Schön-Schornstein ist „nichts zu sehen" (13) und ihr Zorn auf Lene findet nur „hinter den Fenstern" (9) statt.

Determinierendes Pflichtgefühl gegenüber Kirche, mystisch-ekstatische Religiosität beim Andenken an verstorbene Frau

Thiel fühlt eine fast zwanghafte Verpflichtung gegenüber der Kirche, ohne dass diese ihm seine Verbundenheit dankt, kennt doch der Pfarrer nicht einmal Thiels Sohn und des Bahnwärters Probleme (6). Dieses determinierende Pflichtgefühl schränkt die rationalen Möglichkeiten ein und schafft Raum für mythisches Versenken im Umkreis dieser beherrschenden, aber privat modifizierten Religiosität, wobei er „in eine Ekstase (geriet), die sich zu Gesichten steigerte, in denen er die Tote leibhaftig vor sich sah" (8). Ein solcher Zug ermöglicht es ihm, einem äußerlich eintönigen Leben, in dem es kaum „Ereignisse" (8) gibt, in einer abgeschiedenen „Einöde" (8) mit starker Sehnsucht nach seiner verstorbenen Frau und Fantasiereichtum zu begegnen. Thiels gesamtes Handeln nach dem Tod der ersten Frau wird vom Versprechen an die Sterbende bestimmt, „für die Wohlfahrt des Jungen zu jeder Zeit ausgiebig Sorge zu tragen" (6). Dieses Gelöbnis ist für ihn so bedeutsam wie ein Eid. Hauptmann signalisiert früh eine wesentliche Besonderheit Thiels: Er hat im Gegensatz zu seiner zweiten Frau, die nur „brutale Leidenschaftlichkeit" kennt, eine „Seele" (6), die sich besonders in der

3.4 Personenkonstellation und Charakteristiken

Nacht auslebt: Seine „mystischen Neigungen" (8) führen bei Thiel zur „Ekstase, die sich zu Gesichten steigerte" (8). Die nächtliche Welt ist geheimnisvoll und schön; die Natur erscheint dämonisch, die Zweige der Birken werden zu „gespenstige(n) Rossschweifen" (19), Geister kommen und der Mond erscheint „gleich einer blassgoldenen Schale zwischen den Wolken" (19). Die Begeisterung für Nächtliches, Geheimnisvolles und Unterirdisches – nach der Griechenlandfahrt von 1907 verwendete Hauptmann dafür den Begriff „das Chthonische" – war dem Dichter wesenseigen und wurde von ihm zeitlebens nicht aufgegeben.

Thiels Begeisterung für Nacht, Geheimnis, Übersinnliches → Hauptmanns Schwärmen für das „Chtonische"

Thiels erste Frau Minna

ist eine Abkürzung von „Wilhelmine", der Name wird von „die Minne" (Liebe) abgeleitet und Minna als „liebendes Gedenken, Gegenstand der Liebe"⁴³ verstanden. Es ist ein sprechender Name für den Text. Sie hat einen kurzen Auftritt in der Eröffnung. Erst fünf Jahre nach Aufnahme der Tätigkeit als Bahnwärter lernte Thiel sie kennen, kam mit dem „schmächtigen und kränklich aussehenden Frauenzimmer" (5) in die Kirche, heiratete sie, um sie nach zwei Jahren bei der Geburt Tobias' zu verlieren. Sie scheint Thiel eine sorgsame und liebevolle Partnerin gewesen zu sein. Daraus entsteht seine „vergeistigte Liebe" (7) nach dem Tod; sie erscheint ihm als Heilige in seinen Träumen. Minna ist einerseits das schwache Weib, das beim starken Manne Schutz sucht; andererseits ist sie die Verkörperung jener Kind-Frau, die Hauptmann lebenslang liebte, die vom Hannele (*Hanneles Himmelfahrt*) über Rautendelein (*Die versunkene Glocke*) und besonders deutlich ausgebildet in Pippa (*Und Pippa tanzt!*) bis zu Mignon im gleichnamigen Spätwerk immer

Ahd. Minne „(Gegenstand der) Liebe"

Schmächtig und kränklich, sorgsam liebende Ehefrau, stirbt nach zwei Jahren Ehe bei Tobias' Geburt

Hauptmanns Vorliebe für keusch-übersinnlich erscheinende Kind-Frauen

---

43 Theo Herrle (Hg.): *Reclams Namenbuch*. Leipzig: Reclam, 1939 (Universal-Bibliothek Nr. 7399), S. 55 und andere Namenbücher.

3.4 Personenkonstellation und Charakteristiken

THIEL IM FAMILIÄREN UND EMOTIONALEN SPANNUNGSFELD

Bahnwärterhaus		Häuschen, Wohnung
Thiel bevorzugt Nacht		**Lene** bevorzugt Tag
Symbol: Mond als „blassgoldne Schale" (19)		**Symbol: Himmel** als „riesige, makellos blaue Kristallschale" (23)
	Acker	
Minna: die Geistige		**Lene**: die Sinnliche
Tobias: der Kränkliche		**Lenes Sohn**: der Gesunde
→ Verbindung **Thiel** – **Minna** durch Heirat und Gelöbnis über Tod hinaus		→ Verbindung **Thiel** – **Lene** zur Einhaltung des Gelöbnisses an Minna
	Zwei Geleise	
Religion und Prophezeiung		**Wissen und Wirklichkeit**
Minna: die Heilige und Märtyrerin (19) kommt „irgendwoher aus der Ferne ... auf einem der Bahngeleise"		**Lene**: sozial niedrig gestellte Femme fatale* verrichtet Ackerarbeit
→ prophetische Vorwegnahme		→ löst als menschliche „Maschine" (22) Vernichtung aus
Minna ist mit dem Tod verbunden		**Lene** sorgt sich um das irdische Leben
Name „Minna" bedeutet „Gegenstand der Liebe" und der „liebenden Erinnerung"		Name „Lene" verweist auf mythische trojanische Helena-Figur
		→ personifizierte Verführung

* verführerische Frau, die Männern zum Verhängnis wird

3.4 Personenkonstellation und Charakteristiken

wieder zu finden ist und in Hauptmanns Tagebüchern zahlreiche Modelle in der Wirklichkeit hatte: Sie erscheinen keusch und unberührt, von überirdischer Sinnlichkeit und mystischer Fremdheit.

Thiels zweite Frau Lene

trägt einen Namen, der semantisch kaum zu entschlüsseln ist; dafür ist er historisch belastet: Lene ist die Abkürzung von Helene/Helena und damit der Name einer Frau, die seit dem Trojanischen Krieg als Sinnbild der Verführung bekannt geworden ist. Hauptmanns Lene kommt aus Alte-Grund, wo sie Kuhmagd war und gehörte zu den Rüdersdorfer Kalksteinbrüchen, die den Arbeiter bis zur Erschöpfung ausbeuteten, wie es Gerhart Hauptmann im Gedicht *Der Wächter*, das zur gleichen Zeit wie *Bahnwärter Thiel* entstand, beschreibt. Lene ist ein Charakter, der im Gegensatz zum *Wächter* solche Arbeit meistert und dafür geschaffen ist: Sie ist ohne „Seele" (6), mitleid-, rücksichts- und erbarmungslos. Besonders Tobias, der Stiefsohn, wird von ihr misshandelt. Sie kann das tun, weil Thiel ihr sexuell hörig ist und selbst in Zeiten höchsten Zorns über die Behandlung des Sohnes „überhaupt kein Wort an sie zu richten" (14) vermag, weil ihn ihre „breiten Hüften" und die „vollen, halbnackten Brüste" (14) so erregen, dass er sprachlos wird.

> Griech. Sagengestalt Helena als Inbegriff der Verführung

> Mitleid-, rücksichts-, erbarmungslos: misshandelt Stiefsohn Tobias

> Thiel ist ihr sexuell hörig und unterwirft sich ihrem Regiment

Tobias

liebt seinen Vater. Für Thiel ist er das Vermächtnis der auf besondere Art geliebten Minna; er hat ihr auf dem Sterbebett gelobt, immer für ihn dazusein. Von der Mutter hat er Kränklichkeit und Empfindsamkeit vererbt bekommen. Tobias und sein im Text namenloser Halbbruder sind beide der Vererbungstheorie verpflichtet, denn die gesundheitliche Veranlagung ihrer Mütter wird voll in ihnen reproduziert. Die Stiefmutter aber, besonders nach der Geburt eines eigenen Kindes, misshandelt den ungeliebten Stiefsohn, der

> Liebt seinen Vater, kränklich und empfindsam wie Mutter; den Misshandlungen und Wutanfällen seiner Stiefmutter hilflos ausgeliefert

3.4 Personenkonstellation und Charakteristiken

auch ihren Vorstellungen von Kraft und Durchsetzungsvermögen nicht entspricht. Er ist ihren spontanen Zornausbrüchen, die mit Gewalt verbunden sind, hilflos ausgeliefert.

3.5 Sachliche und sprachliche Erläuterungen

S. 3	**Bahnwärter**	Der Bahnwärter ist als Eisenbahnbeamter am unteren Ende der „niederen Eisenbahnbeamten" zuständig „für Unterhaltung und Bewachung der Bahn": er bedient die Schranken und betreut die zugehörigen anliegenden Strecken. Nach der *Betriebsordnung* von 1878 und 1892 sind seine allgemeinen Eigenschaften: „mindestens 21 Jahre alt, unbescholtenen Rufes, lesens- und schreibenskundig". Die Stellen waren vorwiegend für Zivilversorgung von Militärangehörigen vorgesehen. Die gesellschaftliche Stellung wird in der Aufzählung deutlich, die Gerhart Hauptmann für seine Bekanntschaften in Erkner gibt: „Ich machte mich mit den kleinen Leuten bekannt, Förstern, Fischern, Kätnerfamilien (Besitzer einer Kate, eines ärmlichen Bauernhauses, R. B.) und Bahnwärtern, betrachtete eine Waschfrau, ein Spitalmütterchen eingehend ..." (CA VII, 1043).
S. 3	**Novellistische**	Von „Novelle" abgeleitetes Adjektiv, welche zu den literarischen Genres der Prosagattung zählt. Goethe hatte sie als eine „sich ereignete unerhörte Begebenheit" (zu Eckermann, 25.1.1827) bezeichnet und damit für weitere Begriffsbestimmungen den entscheidenden Grund gelegt. Im Titel ist Hauptmanns Versuch zu erkennen, einem traditionellen Formverständnis Alternativen entgegenzusetzen, denn der Begriff „Novelle" erscheint nur adjektivisch. Dadurch liegt eine weitere Bedeutung nahe: „Novelle" hat auch die Bedeutung der „Neuigkeit" zu einem Gesetz, ein ergänzender oder ändernder Nachtrag. Auch in diesem Sinne wird er von Schriftstellern verwendet, erinnernswert sind Arthur Schnitzlers *Traumnovelle* (ursprünglich *Doppelnovelle*; 1926) und Louis Fürnbergs *Mozart-Novelle* (1947).

3.5 Sachliche und sprachliche Erläuterungen

S. 3	Studie	Wie den ersten epischen Text *Fasching* bezeichnete Hauptmann *Bahnwärter Thiel* als „Studie". Bei der Erstveröffentlichung folgte ihm in der *Gesellschaft* eine „soziologische Studie" Conrad Albertis. Der Begriff „Studie" war für die ästhetische Genrelehre weitgehend neu; Adalbert Stifter hatte ihn 1844 in einem ähnlichen Sinn verwendet, allerdings auf die Kunst bezogen. Nun sollte er darauf hinweisen, dass es sich weniger um ästhetisch-künstlerische Texte handelte, sondern um wissenschaftliche Versuche und Untersuchungen. Der dritte Prosatext *Der Apostel* erschien 1890 mit der Genrebezeichnung „Novelle"; in der ersten Einzelausgabe 1892, einer gemeinsamen Veröffentlichung mit dem *Bahnwärter Thiel*, wurden beide Texte als „Novellistische Studien" bezeichnet.
	[aus dem märkischen Kiefernforst]	Dieser Teil gehörte in der Erstveröffentlichung zum Untertitel, wurde aber später weggelassen. Hauptmann verwendete den Begriff oft, auch in autobiografischen Texten (*Das Abenteuer meiner Jugend*, CA VII, 1027) hieß es für die Ankunft in Erkner: „... der märkische Kiefernforst nahm uns auf"; der Begriff wurde kurz darauf erneut verwendet. Indem Hauptmann das in den Untertitel übernahm, versuchte er in der Gattungsbezeichnung naturalistischen Prinzipien zu entsprechen. Zola nannte seinen *Rougon-Macquart*-Zyklus einen Zyklus „aus dem Zweiten Kaiserreich". Dass Hauptmann die Überlegung hatte, ein historisches „document humain" (Zola) zu schaffen, wird darin deutlich, dass er keinen Unterschied zwischen der autobiografischen und der literarischen Verwendung von „märkischer Kiefernforst" machte.

3.5 Sachliche und sprachliche Erläuterungen

S. 5	Allsonntäglich	Das erste Wort des Textes setzt bereits einen wichtigen Akzent; es assoziiert „immer wieder", „jeden Sonntag", „ausnahmslos" und macht damit auf eine Grundhaltung Thiels aufmerksam: Sie ist von Pflichtbewusstsein und Ordnungssinn geprägt. Sie prägt auch seine zwischenmenschlichen Beziehungen, denn sowohl er allein, als auch mit der ersten Frau, nach ihrem Tod mit der zweiten (6) wird diese Ordnung aufrechterhalten.
S. 5	Neu-Zittau	Gründung Friedrichs II. von Preußen, der sein durch Kriege schwer getroffenes Land durch sächsische Feinspinner aus der Nähe von Zittau wieder aufzubauen trachtete, deshalb die Gründung von Neu-Zittau 1751, 1753 fertig gestellt für 100 Familien, beherbergte u. a. Gericht, Mühle und Gastwirtschaft.
S. 5	zehn Jahre	Die Angabe führt zum ungefähren Alter Thiels. Da von keiner anderen Tätigkeit berichtet wird, ist anzunehmen, dass er nach Abschluss seiner aktiven zwölfjährigen Dienstzeit mit dem Zivilversorgungsschein in diese Tätigkeit eingerückt und mit 33 Jahren Bahnwärter geworden ist. Geheiratet hätte er demnach mit 38 Jahren; nach Verlobungszeit und zweijähriger Ehe stirbt Minna. Nach einjähriger Trauerzeit heiratet Thiel erneut. Zur Handlungszeit ist er folglich 43 Jahre.
S. 5	Weinflasche	Ein erster Hinweis auf die Fahrgäste; wer während der Fahrt Wein trinken konnte, gehörte zu den wohlhabenderen Kreisen. Kurz darauf wird vom „kaiserlichen Extrazug" (8) gesprochen; außerdem findet Thiel eine ungeöffnete Weinflasche. Solche Erwähnungen werden eingefügt, um daraus zu schließen, dass die Fahrgäste sozial deutlich besser gestellt sind als Thiel.

3.5 Sachliche und sprachliche Erläuterungen

S. 5	Schön-Schornstein	Eine kleine „Kolonie an der Spree", kein Dorf, sondern ein „Wohnplatz", bewohnt von etwa 20 Familien (13) in acht Häusern (11), an der Straße von Neu-Zittau nach Erker, 1726 erstmals erwähnt. Es gab keine eigene Kirche, deshalb gingen die Einwohner statt in die entfernten Kirchen von Erkner und Woltersdorf zum Gottesdienst nach Neu-Zittau. Hauptmann nennt es „Ort" und „Örtchen" (10).
S. 5	Herkulische Gestalt	Nach lat. Herkules, griech. Herakles: Dieser war wegen seiner Gestalt, seiner Kräfte und vollbrachten Heldentaten berühmt.
S. 5	das uralte Gesangbuch	Gesangbücher wurden in der Familie vererbt, oft als Konfirmationsgeschenk. Sie enthielten auch Angaben zur Familiengeschichte wie Geburt, Tod, Eheschließung und Taufe.
S. 5	Sterbeglocke	Der Begriff eröffnet ein zentrales Thema des Textes. Es sterben im Prinzip alle Beteiligten: Minna zu Beginn der Handlung, Tobias bei einem Unfall, Lene und ihr Säugling durch Mord; Thiel bewusstes Leben ist zu Ende, denn er wird als Wahnsinniger in die Charité eingeliefert.
S. 5	Militärisch gescheitelt	Möglicher Hinweis, dass Thiel vor seiner Zeit als Bahnwärter Militärdienst geleistet hat und dadurch die Stellung als Bahnwärter erhielt.
S. 5	nach Verlauf eines Jahres	Ein „Trauerjahr" war die Mindestzeit nach einem Todesfall für die Wiederverheiratung, in dem auch andere Gepflogenheiten (Kleidung, Teilnahme an Festlichkeiten usw.) galten. Es dauerte in Deutschland nach dem alten Bürgerlichen Gesetzbuch zehn Monate und war auch deshalb wichtig, weil die Witwen von Beamten in dieser Zeit die Bezüge des Ehemannes weiter bekamen.
S. 5	allgemeine Ansicht	Die allgemeine Ansicht erweist sich als falsch und zeigt, dass Thiel und die Allgemeinheit wenig miteinander zu schaffen hatten.

3.5 Sachliche und sprachliche Erläuterungen

S. 5	**Kuhmagd**	Der Frauentyp wird von Hauptmann wiederholt beschrieben. Frau Krause in *Vor Sonnenaufgang* (1889) ist „ein Bauernweib, im Gesicht blaurot vor Wut" mit einem „Gesicht hart, sinnlich, bösartig" (CA I, 16); ähnlich wird Lene beschrieben: „Gesicht ganz so grob geschnitten", dem die „Seele abging", „herrschsüchtige Gemütsart, Zanksucht und brutale Leidenschaftlichkeit", sie tat Thiel „alles Böse" an (6 f.). Theodor Fontane nannte die Krause, möglicherweise in Bezug zum *Bahnwärter Thiel*, „eine Kuhmagd von vordem, oder doch nicht viel was andres"[44].
S. 5	**Alte-Grund**	1887 eine Kolonie bei Rüdersdorf in der Gemeinde *Rüdersdorfer Kalkberge*, wo es bedeutende Kalksteinbrüche gab.[45] Sie beeindruckten den nach Erkner gezogenen Hauptmann durch die nächtlich leuchtenden Brennöfen, wie er sie im Gedicht *Der Wächter* (1887) beschrieb. Der Wächter der Eisenbahn ist ein ehemaliger Schachtofenarbeiter, der in seinem Beruf erkrankte, die Arbeit aufgeben musste und sich als Nachtwächter bei der Eisenbahn verdingt. „Alte-Grund" steht für schwere Arbeit; Lene repräsentiert und meistert sie. Heute liegt Alte-Grund unter der Autobahn Berliner Ring.
S. 6	**Tobias**	nach dem Hebräischen „Gott ist gut"; Vater und Sohn im alttestamentarischen *Buch Tobias*. Der Vater Tobias lebte gottesfürchtig, durch Schwalbenkot wurde er blind. Gott schickte den Erzengel Rafael zu Hilfe, der sich dem Sohn Tobias anschloss und ihm dazu verhalf, den Vater wieder sehend zu machen. Das Gleichnis lässt sich auch auf Thiel übertragen: Er ist gottesfürchtig wie der alttestamentarische Tobias, aber nach dem Tode seines Kindes kann ihm keine Heilung mehr zuteil werden.

---

44 Theodor Fontane: *Gerhart Hauptmann, ‚Vor Sonnenaufgang'*. In: Schrimpf, S. 11
45 Angaben erfolgen nach *Brockhaus' Konversations-Lexikon*. Leipzig, Berlin und Wien, F. A. Brockhaus, 1895, Band 13, S. 1056, Spalte A (unter „Rüdersdorf")

3.5 Sachliche und sprachliche Erläuterungen

S. 6	der Verstorbenen in die Hand gelobt	Das entspricht einem Schwur, der nicht gebrochen werden darf. Dadurch wird die zweite Ehe Thiels durch Verpflichtungen aus der ersten Ehe bestimmt. Es ist gewichtig wie ein Versprechen Gott gegenüber (5. Mose, 12, 11).
S. 6	Drei Dinge	Mit der Einführung der charakteristischen Eigenschaften Lenes wird die Zahl „Drei" eingeführt, die durchgehend Bedeutung bekommt. Grundlage ist die mythische Bedeutung dieser Zahl, die in vielen Religionen eine Rolle spielt; allerdings sind solche symbolischen Überhöhungen im Naturalismus unüblich. Hauptmann überschreitet damit naturalistische Prinzipien (s. S. 91 f. der vorliegenden Erläuterung).
S. 6	„das Mensch"	Mit dem Artikel „das" Mensch ist es eine Abwertung; Beleidigung und Bezeichnung für eine leichtfertige Frau, auch eine Hure.
S. 6	ein „Tier"	Im Naturalismus war „Tier" weniger eine Beleidigung als vielmehr Hinweis auf das Animalische im Menschen, denn Tier und Mensch waren im Wirklichkeitsverständnis der Naturalisten gleich. Brach das Animalische deutlich durch, wurde der Mensch zum „Tier". 1890 erschien Zolas 17. Band der *Rougon-Macquart* mit dem Titel *Das Tier im Menschen*.
S. 7	seines unverwüstlichen Phlegmas	Gleichgültigkeit, Dickfelligkeit, ursprünglich: in der Antike eines der vier menschlichen Temperamente. Durch das positiv konnotierte Attribut verweist es auf Langmut und Duldung und ließe sich als Grundhaltung eines altgedienten Soldaten annehmen.
S. 8	im Lichte der Wahrheit	vielseitig religiös verwendeter Begriff, der in naturalistischer Zeit zu einem Leitbegriff der Programme wurde (vgl. S. 82 f. der vorliegenden Erläuterung).
S. 8	der kaiserliche Extrazug	Es handelt sich um Kaiser Wilhelm I., der von 1871 bis 1888 regierte.

3.5 Sachliche und sprachliche Erläuterungen

S. 10	**Türglocke des Krämers**	Die kleinen Kramläden – deshalb „Krämer" – versorgten die Einwohner nicht nur mit allem Lebensnotwendigen, sondern waren auch Umschlagplätze für Nachrichten aller Art, zumal sich die Bevölkerung in diesen Gegenden kaum Zeitungen leisten konnte.
S. 10	**Bahnmeister**	Der B. gehört zu den niederen Eisenbahnbeamten, die gleiche Voraussetzungen erfüllen mussten wie die Bahnwärter, und wird ebenfalls über die Zivilversorgung der Militäranwärter angestellt. Er ist auf einer bestimmten Strecke den Bahnwärtern und Streckenarbeitern vorgesetzt. Zur Entstehungszeit des *Bahnwärter Thiel* kamen in Deutschland etwa neun (8,92) Beamte und Arbeiter auf einen Kilometer Strecke.
S. 11	**Kalk... in den Mund steckte**	Auf diese Weise versucht Tobias, seinen Kalk-Mangel zu beheben. Die Methode findet sich noch in Günter Grass' *Katz und Maus* (1961), Schüler kauen „kalkige Klümpchen wie Muschelsplitt", die sich durch Möwenmist auf Schiffsaufbauten gebildet haben.[46]
S. 11	**Weidenpfeifchen, Beschwörungslied**	Dass Thiel ein Weidenpfeifchen baut, weist auf das Frühjahr hin wie auch auf die Bemühungen um einen neuen Kartoffelacker. Territorial unterschiedlich gab es Reime und Beschwörungsverse, die beim Bau gesungen oder gesprochen wurden. Einer aus Österreich lautete: „Pfeiferl, Pfeiferl geh, / sonst hau ich dich in (den) Schnee, / sonst hau ich dich in (den) Schindergraben, / dass di(ch) alle Hund(e) verzahn (= verschleppen)."[47]
S. 12	**eines Kossätenhofes**	In älterer Zeit die von einem Grundherrn abhängigen Bauern, aber auch im Gegensatz zu den alteingesessenen Einwohnern die später hinzukommenden Ansiedler, die in diesem Falle gemeint sein dürften, da es eine „kleine Kolonie" (13) war.

---

[46] Vgl. Günter Grass: *Katz und Maus*. Eine Novelle. München: dtv, [7]1997, S. 8
[47] Vgl. die Anleitung zum Weidenpfeifenbau unter: http://www.dpsg-alzenau.de

3.5 Sachliche und sprachliche Erläuterungen

S. 16	**eiserne Netzmaschen**	Das Bild des eisernen Netzes wird zum zweiten Male heraufbeschworen: Zuerst wirkt Lenes Sinnlichkeit so lähmend auf ihn (14), jetzt üben die Gleise diese unentrinnbar kraftvolle Wirkung aus. Ein Bild wird aufgebaut, das Natur und moderne Technik zu einem Orgasmus der Gewalten vereinigt, in dem der vorbeifahrende Zug der Höhepunkt ist. Danach tritt wieder „das alte heil'ge Schweigen" (17) ein.
S. 18	**zweijährigem Schlaf**	Diese Zeitangabe ist für den Gesamtverlauf wichtig, denn sie weist darauf hin, dass insgesamt drei Jahre seit Minnas Tod vergangen sind. Ein Jahr nach ihrem Tod hat er wieder geheiratet, zwei Jahre lebt er seither zwischen zwei Frauen und zwei Orten. Die Drei aber ist die entscheidende mythische Zahl des Textes, die für Untergang und Tod steht und beides ankündigt.
S. 18	**Leidensgeschichte**	Tobias, inzwischen ebenfalls drei Jahre, hat eine „Leidensgeschichte" durchlebt, eine „Passion". Indem sein Leben mit dem Leidensweg Jesu Christi verglichen wird, verstärkt sich der mythische Charakter um Minna, mit der er in „vergeistigte(r) Liebe" (7) lebt, für die er das Bahnwärterhaus zur „Kapelle" (8) macht und ihr einen Altar mit „Gesangbuch und Bibel" (8) einrichtet.
S. 19	**fünf Minuten**	Die Zeit zwischen der Ankündigung und der Durchfahrt wird im Text als Zeitdeckung geboten, d. h. die erzählte Zeit (5 Minuten) deckt sich mit der Dauer der Erzählzeit („.... der Zug raste vorüber", 20).
S. 20	**Traum und Wirklichkeit**	Beides geht ineinander über, wie es Hauptmann für seinen Zustand unter dem Einfluss des Herrnhuter Geistes berichtete (vgl. S. 92 f. der vorliegenden Erläuterung).

3.5 Sachliche und sprachliche Erläuterungen

S. 26	**Friedrichshagen**	1753 als Kolonistendorf von Friedrich II. gegründet und, nachdem es zuerst Friedrichsgnade hieß, 1763 in F. umbenannt. Baumwollspinner wurden angesiedelt, auch Seidenraupenzucht wurde betrieben. 1849 erhielt die Eisenbahn in F. eine Haltestelle.
S. 32	**Charité**	Frz. für Nächstenliebe, Barmherzigkeit; dann auch für Krankenhaus. 1710 in Berlin als Pesthaus gegründet, wurde es zu einem der berühmtesten Krankenhäuser Deutschlands und der Welt. An ihr wirkten u. a. Rudolf Virchow, Hermann von Helmholtz, Robert Koch und Christoph Wilhelm Hufeland.

3.6 Stil und Sprache

ZUSAMMENFASSUNG

Bahnwärter Thiel ist sprachlich auf die naturalistischen Prinzipien ausgerichtet, die drei Abschnitte unterscheiden sich aber grundsätzlich: Protokoll und Bericht dominieren im Abschnitt I und schaffen einen nüchternen, fast unbeholfenen Text, geprägt durch sprachlich-logische Gegensätze, die den Spannungsraum beschreiben, in dem Thiel agiert. Im Abschnitt II wird eine Handlung linear erzählt, Zeitangaben dominieren. Abschnitt III ist voller Aktion; das Wortmaterial wird darauf ausgerichtet. Zusammengefasst werden die drei Abschnitte aber durch ein einziges großes Bezugsfeld zum Begriff „Ordnung".

Sprachliche Unterschiede in den drei Teilen
Die drei Abschnitte des Gesamttextes heben sich voneinander ab:

I: Sachliches Protokoll, Bericht über Thiels Lebenskompromiss

I: Der Text beginnt wie ein sachliches Protokoll, geht in einen Bericht über und schildert dann den Lebenskompromiss, welchen Thiel eingeht, und der durch gegensätzliche Begriffspaare bzw. polare Setzungen („die Lebende und die Tote"; 8) organisiert wird.

II: Chronologischer, linear erzählter Handlungsablauf zeigt Verschärfung der Bedrohungssituation

II: In Abschnitt II wird linear erzählt: Die Handlung entwickelt sich logisch und chronologisch über elf Stunden und folgt dem Tageslauf bei Thiels. Zeitangaben gliedern das Erzählen. Die gegensätzlichen Begriffspaare werden aufgegeben, die Bedrohung der ausbalancierten Situation, in der Thiel lebt, wird gegen Ende des Abschnitts in einer Verschärfung der Situation erkennbar. Entsprechend verändern sich Wortwahl

3.6 Stil und Sprache

des Dialoges, der von Lene bestimmt wird, und Begrifflichkeit („kreischende Stimme", „schrill", „misstönende Laute", „Schimpfworte").

III: Alle Ordnung zerfällt, wie zu Beginn des Abschnitts vermerkt. Die Umgebung Thiels nimmt statt des gewohnt natürlichen einen bedrohlichen Charakter an, in der Begriffe der Angst präsent werden („Leidensgeschichte", „Angstschweiß", „Grauen", „Schlaffes, Blutiges, Bleiches" und zahlreiche entsprechende Attribute wie „knarrend und quietschend", „gespenstig"; 18 ff.). Danach kommt das Geschehen nochmals zur Ruhe („herrlicher Sonntagmorgen", 20), um dann in Chaos, „grauenvoller Verwüstung" (32), Blut und Vernichtung endgültig unterzugehen, wobei eine zugehörige Begrifflichkeit („Beil", „schlagen", „Mord", „Blut" usw.) verwendet wird.

III: Zerfall der inneren und äußeren Ordnung in Thiels Leben

Zu I:
Der Text beginnt sachlich und protokollartig. Wie für einen Polizeibericht werden unkommentiert Sachverhalte wie Dienststellung, Name, Orte, Tätigkeiten usw. mitgeteilt, das Ganze wirkt stilistisch unvollkommen und bürokratisch („infolge", „einer Weinflasche wegen"; 5), Wiederholungen werden nicht vermieden („krank"), unbeholfene Satzfolgen verwendet (1. Satz: krank war; 2. Satz: zweimal krank gewesen). Wesentlich sind in den ersten vier Absätzen sachliche Informationen und Zeitangaben, die Thiels Dienst als Bahnwärter und den Ablauf seines Lebens strukturieren. Die Hauptperson wird mit Beruf und Familiennamen, nicht aber mit dem ein Individuum besonders charakterisierenden Vornamen, der im gesamten Text fehlt, eingeführt. Das Protokoll schließt mit der Zusammenfassung eines Berichterstatters/Erzählers: „... das war das Ganze." (5) Der Erzähler bringt jedoch keine eigenen Wertungen ein, sondern teilt getreu der naturalistischen Prinzipien mit, was ihm „die

I: Beginn wie in Polizeibericht mit unkommentierter Darstellung, z. T. ist Stil absichtlich unbeholfen-bürokratisch

3.6 Stil und Sprache

Teilweise umgangssprachliche Wendungen im Dialog

Leute versicherten" (5). Der folgende Dialog ist sprachlich neutral und weist nur einige saloppe Formulierungen auf (Pastor: „Nun ja wohl"; 5 - Thiel: „geht mir drauf"; 6), die auf die Umgangssprache zurückgehen. Umgangssprachliche Wendungen benutzen auch andere Personen im Umfeld Thiels („,das Mensch'", „kirre", „durchgewalkt", 6).

Gegensatzkonstruktionen bei Örtlichkeiten, Personenkonstellationen und den daraus entstehenden Konflikten

In der sachlichen Berichtsebene erscheinen mit der Beschreibung des neuen Paares Thiel – Lene zwei stilistische Erweiterungen: Von dem Paar Kuhmagd – Wärter ausgehend, werden fortlaufend Gegensätze konstruiert, anfangs durch größere Satzteile oder sogar Sätze voneinander abgetrennt (das Mensch – Tier, 6), später innerhalb des gleichen Satzes („der leise, kühle Ton" – „zu dem kreischenden Gekeif"; 7; „Gedanken an sein verstorbenes Weib" – durchkreuzt „von denen an die Lebende"; 7; „vergeistigte Liebe" – „Macht roher Triebe"; 7 und anderes). Die Gegensätze betreffen die Örtlichkeiten („Wärterhäuschen", („Bude") – „geheiligtes Land"; 7), die Personenkonstellation („die Lebende und die Tote", 8), die Beziehungen („Liebe des Vaters" – „Liebe der Stiefmutter", 9) und die entstehenden Konflikte („klägliche Gestalt" – vor „Gesundheit strotzende(s) Brüderchen", 9). Die Gegensätze streben nach Bestand, wie es treffend das Grundbeispiel anbietet: „die schwarzen, parallel laufenden Geleise" (16) führen in gegensätzliche Richtungen; die Geleise sind Symbol für Thiels Leben.

Die Setzung von Gegensätzen gehört zu Gerhart Hauptmanns spezifischen künstlerischen Methoden. Sie entstanden aus einem Charakter, der jede Entscheidung hinauszögerte oder verhinderte (vgl. zum „Konflikt" S. 62 der vorliegenden Erläuterung). Die andere Erweiterung legt über die sachliche Berichtsebene eine mythisch-emotionale Begrifflichkeit, die zuerst nur in der unbestimmten Formulierung „Drei Dinge" (6) erscheint und in den „Manen der Toten" (7) fortgesetzt wird. Am Ende des Abschnitts I sind al-

3.6 Stil und Sprache

le Voraussetzungen für eine konfliktreiche Handlung und die ihr zugeordneten sprachlich-stilistischen Mittel geschaffen.

Zu II:

Die sprachliche Gestaltung des Abschnitts II verändert sich: Die polaren Setzungen sind verschwunden, Umgangssprachliches wird – in einem kurzen Einschub durch den Erzähler – zum Einzelfall („Läppschereien", 11) bzw. findet sich in Lenes Zornausbruch („Plautze", „na, wart nur", „Halt's Maul"; 13). Der Text folgt einer geradlinig erzählten Handlung, die zur präzisen Beschreibung eines Tagesablaufs wird. Zeitangaben spielen eine große Rolle: „Junimorgen gegen sieben Uhr", „Frühstück", „gegen zwölf Uhr", „Mittagbrot-Mittagessen", „Nachmittagskaffee", „drei viertel fünf"; Alltagsvorgänge bestimmen Handlung und Sprache. Nur im Augenblick sinnlicher Erregung – Thiel erlebt die böse und brutale Behandlung seines Tobias durch Lene, wird aber durch ihre sinnliche Kraft in sein „Phlegma" zurückgedrängt (14) –, wird die Sprache lyrisch; sie setzt Assonanzen (ei, i, e) ein, um die sinnliche Ebene der Handlung, die nur in Andeutungen erscheint, im Klang zu fangen: „Leicht gleich einem feinen Spinngewebe und doch fest wie ein Netz von Eisen legte es sich um ihn, fesselnd, überwindend, erschlaffend." (14)

> II: (zeitlich) präzise Beschreibung eines Tagesablaufs

> Assonanzen deuten sinnliche Handlungsebene an

Zu III:

Der Beginn des Abschnitts III – es ist der umfangreichste Abschnitt – nimmt den Begriff „Ordnung" auf, der den gesamten Text bestimmt. Bereits der erste Satz weist auf die grundsätzliche Veränderung hin: Thiel kommt erst „nach der ordnungsmäßigen Zeit an den Ort seiner Bestimmung" (15). Um seine Sicherheit wiederzugewinnen, macht er in seinem persönlichen Umfeld „einige Ordnung" (15).

> III: von Begriff „Ordnung" bestimmt, die wiederhergestellt werden soll

Das Begriffsfeld „Ordnung" und seine Zerstörung

Ordnung ist Lebensprinzip und Lebensinhalt Thiels. Bereits das erste Wort des Textes „Allsonntäglich" (5) weist darauf hin, das auf die erste Ehe übertragen werden kann. Auch die zweite Ehe wird diesem Ordnungsprinzip untergeordnet: „Allsonntäglich" (6) kam nun „das neue Paar". Die Ehe wird aufgrund der Befolgung dieses Ordnungsprinzips geschlossen, denn Thiel kann mit einer „Toten ... nicht wirtschaften" (5), d. h. nichts anderes, als dass er ohne Ehefrau keine Ordnung in seiner Wirtschaft halten kann. Der gesamte Text wird sprachlich von dem Prinzip bestimmt: Es „hatte nichts vermocht" (5), ihn aus seiner Ordnung zu bringen, die Knöpfe seiner Uniform waren „so blank geputzt als je zuvor" (5). Diese Ordnung wird auch aufrechterhalten, wenn es Störungen gibt: Thiel „wollte auch die Winke nicht verstehen" (9), die solche Störungen signalisierten. „Stereotyp" (10) stellt Thiel die Frage, durch er sein Ordnungsprinzip reproduziert wissen möchte: „Was willst du werden?" (10). Die Mitbewohner hatten „sich gewöhnt" (11), Thiel stets in seiner Freizeit an der gleichen Stelle zu erblicken. Jeder Handgriff „war seit Jahren geregelt" (11) und Gegenstände wurden „in stets gleicher Reihenfolge" (11) in die Taschen gesteckt usw.

Thiels Ordnungsprinzip ist in seiner militärischen Dienstauffassung begründet

Das Ordnungsprinzip Thiels wird von seiner Dienstauffassung getragen, die militärisch begründet ist: Pflichterfüllung ist oberstes Gebot, Subordinationsverhältnisse werden uneingeschränkt akzeptiert: dienstlich (Bahnmeister – Bahnwärter) ebenso wie familiär (Lene – Thiel: Es ist ortsbekannt, „wer in dem Häuschen des Wärters das Regiment führte", 6), eigene Entscheidungen sind kaum möglich, allenfalls dann, wenn er seine „Wärterbude auf seine Art für die Nacht" (15) herrichtet. Die Ordnung im Verlauf eines Dienstes, zu Beginn des Abschnitts III beginnend, wird gestört. Die Umgebung Thiels wird unmenschlich, mit dem Abgang des Hilfswärter verstummte „der einzige menschliche Laut" (15); die Gleise

Thiels Umgebung wirkt zunehmend unmenschlich und technischbedrohlich

3.6 Stil und Sprache

werden zu „einer ungeheuren eisernen Netzmasche" (16), die Telegrafendrähte zu „einer Riesenspinne" (16), die Kiefern glühen „wie Eisen" (16).

Der Unfall seines Sohnes Tobias zerstört die dienstlichen Ordnungen: Der Zug bremst, es „gellten Notpfiffe schreiend", 24), schließlich steht der Zug und schafft damit die totale Unordnung. Der Unfall zerstört auch die natürlichen Bedingungen: Tobias' Arme und Beine „nehmen die unnatürlichsten Stellungen ein" (26). Alle frühere Ordnung ist aufgehoben und zerstört. Als Thiel ein letztes Mal versucht, „Ordnung in seine Gedanken zu bringen", ist das „vergebens" (29). Für den wahnsinnigen Thiel, der seine Ordnung verloren hat und irrsinnig geworden ist, gibt es nur einen kleinen Ersatz für die Ordnung, die Sorgfalt. *Bahnwärter Thiel* schließt damit, dass Thiel „das braune Mützchen" von Tobias in den Händen hält und es „mit eifersüchtiger Sorgfalt und Zärtlichkeit" (32) bewacht.

Tobias' Unfalltod zerstört dienstliche und natürliche Ordnung → Thiel wird wahnsinnig

Parallelen zu Georg Büchners *Woyzeck*

Büchners Woyzeck und Hauptmanns Bahnwärter Thiel sind sich in mehreren Beziehungen ähnlich: Ihr sozialer Standort ist ebenso vergleichbar wie ihre familiäre Situation; ihre Isolation in der Gemeinschaft ebenso wie ihre pragmatische Lebenssicht. Besonders auffallend sind ihre Tötungsvorbereitungen und die entsprechenden sprachlichen Abschnitte. Thiels Morddrohung an Lene, seine Konzentration auf das Beil (28) und die wahnsinnsgesteuerte Zielstrebigkeit des Tötens stimmen mit Woyzecks Tötungsvorbereitungen nahtlos überein. In der 12. Szene des *Woyzeck*[48] plant Woyzeck den Mord: Der Rhythmus der Musik wirkt bei ihm weiter und wird zum wahnhaften Rhythmus des Tötens, der ihm von dämonischen

Vergleichbar in familiärer Situation, Isolation und pragmatischer Lebenssicht

---

48 Georg Büchner: *Woyzeck*. Studienausgabe. Nach der Edition von Thomas Michael Mayer hg. von Burghard Dedner. Stuttgart: Reclam, 1999 (Universal-Bibliothek Nr. 18007).

3.6 Stil und Sprache

unterirdischen Kräften wie zu Beginn eingegeben wird: „Stich, stich die Zickwolfin todt ... stich todt, todt" (*Woyzeck* 30, 6 ff.). In der anschließenden 13. Szene wird Woyzeck vom Mordgedanken beherrscht. Musikrhythmus und Tötungsrhythmus halten in Woyzecks Kopf an. Vor seinem geistigen Auge sieht er „ein Messer" (*Woyzeck* 30, 21), die Entsprechung zu Thiels Beil. Bei beiden ist das auslösende Moment für die Tat die Vernichtung der letzten sozialen Bindung an Frau und Kind.

Auslöser für Tötung ist bei beiden Verlust der sozialen Bindung an Frau und Kind

Die auffallenden sprachlichen und stilistischen Unterschiede zwischen den drei Abschnitten dienen Hauptmann als bewusste Mittel, um aus der genau bestimmten, in Ort und Zeit verankerten Handlung, beschrieben in naturalistischer Detailmanier und damit auf das Milieu zielend, überzugehen zur psychopathologischen Verwirrung Thiels, welche mit psychoanalytischen Fragen nach den Gründen für seinen Wahnsinn verbunden ist.

3.7 Interpretationsansätze

> **ZUSAMMENFASSUNG**
>
> *Bahnwärter Thiel* ist ein repräsentatives Beispiel naturalistischer Prosa; die Studie fasst die unterschiedlichsten Ansätze inhaltlicher und formaler Art zusammen. Dabei nimmt der Text keine Sonderstellung ein, wie oft behauptet wird, sondern kann als Höhepunkt einer von zahlreichen Schriftstellern vorangetriebenen Literaturentwicklung verstanden werden. Dazu gehört das Figurenensemble, das mit seinem Motiv des vernachlässigten Kindes (Tobias) zahlreiche Vergleiche zu anderen Texten ermöglicht. Dem aktuellen Trend wurde Hauptmann auch mit dem Thema „Eisenbahn" gerecht, das sich kein naturalistischer Schriftsteller entgehen ließ.

Die „novellistische Studie" als Beispiel des Naturalismus

Die „novellistische Studie" ist ein bemerkenswertes Beispiel des deutschen Naturalismus, *„das* epische Werk des Naturalismus"[49] ist es nicht: Hier stehen Werke Zolas zur Auswahl und die anderer Autoren (Tolstoi, Dostojewski, Kielland usw.), selbst national ist zu fragen, welcher Naturalismus gemeint ist. *Bahnwärter Thiel* steht für einen Naturalismus, der aus dem kritischen Realismus hervorgegangen ist, Holz'/Schlafs *Papa Hamlet* ist ein Beispiel für den konsequenten Naturalismus in Deutschland. Die Unterschiede sind groß.

Bahnwärter Thiel entstand aus kritischem Realismus und ist kein konsequent naturalistisches Werk

Als Hauptmann 1886 mit Leo Berg in Verbindung trat (dabei ging es auch um die Teilnahme am Verein *Durch!*), war eine der ersten Arbeiten für die von Berg herausgegebene *Allgemeine Deutsche*

---

[49] Söder, S. 144

3.7 Interpretationsansätze

Universitäts-Zeitung eine Rezension über Hermann Conradis *Lieder eines Sünders*. Hauptmanns Bewunderung für Conradi war, wie die aller Dichter aus dem Umkreis des *Durch!*, groß; 1889 übersandte er ihm ein Freiexemplar von *Vor Sonnenaufgang*. Bei ihm konnte Hauptmann in der Erzählung *Karl* (1886)[50] ein Schicksal ähnlich dem seines Tobias finden: das kränkliche Kind, das allein spielt; sein Höhepunkt ist, an der Arbeit des Vaters teilzunehmen; schließlich stirbt in beiden Texten das Kind.

Hauptmanns Bekenntnis zu den naturalistischen Programmen und Theorien, die er durch das Umfeld des *Durch!* kennenlernte, legte er im *Bahnwärter Thiel* mit einem Bekenntnis ab: Thiels Lebensplan, mit zwei Frauen zu leben, einer Toten und einer Lebenden, erscheint wenig irritierend. Im „Lichte der Wahrheit" betrachtet entsteht allerdings, wenn auch nur vom Erzähler so bewertet, darüber „Ekel" (8). Das „Licht der Wahrheit" ist eine Fügung der naturalistischen Theorie und wird in unterschiedlichen Varianten in den naturalistischen Programmschriften genannt. Zwei Leitbegriffe des Naturalismus treffen hier aufeinander: Licht und Wahrheit. Sie tauchten in den Programmschriften auf, standen in Losungen, gaben Titel her. In der *Gesellschaft* erschien 1886 eine Artikelserie mit dem Titel *Die Wahrheit im modernen Roman*. Wahrheit, Zukunftsgestaltung als politisches Ziel und Schönheit als ästhetische Kategorie stimmten weitgehend überein und schienen identisch. Der erkenntnistheoretische Begriff triumphierte über den ästhetischen. Mit allen Mitteln wurden die Begriffe „Wahrheit" und „Licht" popularisiert; die Harts verklärten „Wahrheit" sogar poetisch und zitierten im Heft 2 der *Kritischen Waffengänge* (*Für und gegen Zola*) aus Goethes *Zueignung*: „Der Dichtung Schleier aus der Hand

Randnotiz: „Licht der Wahrheit" als programmatischer naturalistischer Begriff: Triumph der Erkenntnistheorie über Ästhetik

---

50 Hermann Conradi: *Karl*. In: ders.: Brutalitäten. Zürich. Verlagsmagazin Jacob Schabelitz, 1886, wiederabgedruckt in: Naturalismus 1885–1899, hg. von Ursula Münchow, 2 Bände. Berlin und Weimar: Aufbau-Verlag, 1970, 1. Band, S. 59-76

3.7 Interpretationsansätze

der Wahrheit."[51] Wahrheit war die ungewertete und möglichst wenig durch ein Subjekt gebrochene Widerspieglung der Wirklichkeit in der Kunst, „Licht" war die Methode der Verbreitung. Die Zeitschrift, in der 1878 mit der Nr. 1 beginnend erstmals der gesamte fragmentarische Text von Georg Büchners *Woyzeck* erschien, hieß *Mehr Licht!* In der frühen naturalistischen Streitschrift wurde „Wahrheit" zur „Gottheit" erklärt, weil von ihr „allein das Kommen einer besseren Zukunft erwartet"[52] werde.

Der Naturalismus weist „soziale" Inhalte in den Gattungsangaben aus. Gerhart Hauptmann bezeichnet *Vor Sonnenaufgang* als „soziales Drama", seine epischen Erstlinge *Fasching* und *Bahnwärter Thiel* als „Studien", wodurch der wissenschaftlich-analytische Charakter, der die naturalistische Methode kennzeichnet, hervorgehoben werden soll. Conradi bezeichnet *Karl* als „Eine Szene aus dem Kinderleben", wobei der Begriff „Szene" nichts Dramatisches bedeutet, sondern einen soziologischen Ausschnitt suggerieren soll. – Andere Begriffe waren üblich. Die Schriftsteller vermieden jene Begriffe, die eine eindeutige ästhetische Erwartungshaltung auslösten und wählten Bezeichnungen, die möglichst wenig Ästhetisches assoziierten, sich in naturwissenschaftlichen und künstlerischen Bereichen anwenden ließen und formale Zwänge, die sich aus einem Terminus ergeben könnten, vermieden. Die Prinzipien des Naturalismus fordern Treue im Detail und die Übereinstimmung von Wirklichkeit und Kunstwerk, nur in einem Mindestmaß beeinträchtigt durch die Subjektivität des Dichters, die in der Kunst-Formel das x darstellt (Kunst = Natur – x). *Bahnwärter Thiel* gesteht der Natur

> Betonung sozialer Inhalte und Themen

> Programmatische Detailtreue (vgl. Kunst-Formel: Kunst = Natur – x)

---

51 Heinrich und Julius Hart: *Für und gegen Zola*. In: Kritische Waffengänge, Leipzig: O. Wigand, 1882, Heft 2, S. 53
52 *Kritik. Scherben. Gesammelt vom müden Manne* (d. i. Richard Voss). In: Mehr Licht! Eine deutsche Wochenschrift für Literatur und Kunst, hg. von Silvester Frey. Berlin: im Selbstverlag, 1878, Nr. 8, S. 126

3.7 Interpretationsansätze

Symbolische Überhöhungen der Natur und epische Vorwegnahmen widersprechen naturalistischen Gestaltungsprinzipien	ein Eigenleben zu, überhöht sie aber durch Symbole und epische Vorwegnahmen; dadurch verlässt Hauptmann die Grenzen dieser Prinzipien.

Der Bahnwärter Thiel begehrt gegen seine Situation auf. Der Tod des Sohnes ist der Höhepunkt von Erniedrigungen und auferlegten Leiden, angefangen von der brutalen Herrschaft Lenes zu Hause bis zur Zerstörung seines Refugiums der verlorenen Liebe. Hauptmann schickt seinen Thiel in den Wahnsinn. Damit greift |
| Thiels Charakterzeichnung orientiert an damals revolutionären psychoanalytischen Erkenntnissen | Hauptmann „schon sehr früh zu einer Lösung des Konflikts, die in der Literatur des kritischen Realismus an Bedeutung gewann. Es handelt sich dabei zumeist um eine Flucht aus den unerträglich gewordenen gesellschaftlichen Verhältnissen des Kapitalismus, der Held steht gewöhnlich vor einer ausweglosen Situation und ist nicht mehr fähig, im Besitz eines wachen Bewusstseins ein sinnlos gewordenes Leben weiter zu fristen."[53] Weil Thiel weder aufgrund seiner Stellung als kleiner Beamter noch in seiner Beziehung zur proletarischen Bewegung eine politische Lösung findet oder finden kann, verstärkt sich Hauptmanns Interesse für psychologische Vorgänge, mit denen er das Gebiet der sehr jungen Wissenschaftsdisziplin der Psychoanalyse erreichte. Sie steht nicht im Widerspruch zur |
| Mystisch-irrationale Züge und Traumgesichte als Sinnbild der menschlichen Psyche | naturalistischen Entwicklung, sondern war Bestandteil von ihr. Insofern sind die mystisch-mythischen Züge weniger irrational als vielmehr Ausdruck und Sinnbild der menschlichen Psyche, deren Natur auf die gleichen natürlichen Gesetzmäßigkeiten hin überprüft wird wie die Vorgänge in der äußeren Natur. Über schwere Müdigkeit und Traumgesichte dringt Thiel in das Unterbewusste vor und sieht dort seine verstorbene Frau, bedrängt von der Angst um ihr Kind. Dadurch wird die ihr auf dem Totenbett gegebene Verpflichtung, sich um Tobias zu kümmern, noch stärker verfestigt |

---

53 Heerdegen, S. 273 f.

3.7 Interpretationsansätze

und bestimmt Thiels Denken und Tun. Als es ihm trotzdem nicht gelingt, das Kind zu bewahren, weil die zweite Frau Lene die Sorgfaltspflicht vernachlässigt, schlägt das Geträumte in Wahnsinn um und löst die vernichtenden Handlungen aus.

Gerhart Hauptmanns *Bahnwärter Thiel* ist bemerkenswerte naturalistische Prosa. Man wird ihr nicht gerecht, wenn man sie aus dem sogenannten „poetischen Realismus" herleitet[54], von dem es gleitende Übergänge zum Naturalismus seit Hermann Hettners *Das moderne Drama* (1852) gibt, oder am späteren konsequenten Naturalismus (um 1890) von Arno Holz und Johannes Schlaf misst, denn dieser hatte nur eine kurze und räumlich beschränkte Wirkung. Gerecht wird man dem *Bahnwärter Thiel*, wenn man ihn mit den Erzählungen Conradis (z. B. *Karl*, 1886) und Romanen Zolas (*Germinal*, 1885) vergleicht.

Das Motiv des vernachlässigten Kindes

In den Figurenensembles der naturalistischen Dichter nahmen die Kinder, meist krank und leidend, bevorzugte Stellen ein: Sie dominierten das Geschehen oder gaben ihm seine Richtung, z. B. der Karl Hermann Conradis, der Tobias Thiel Gerhart Hauptmanns, der Fortinbras des Niels Thienwiebel in Holz'/Schlafs *Papa Hamlet* (1889) oder Peter Hilles Vera in *Vater Romeo* (ca. 1890), einem Gegenstück zum *Papa Hamlet*. Ein verlotterter Hamlet-Darsteller lässt darin sein Kind umkommen. Peter Hille antwortete auf diese Skizze mit seinem Novellen-Fragment *Vater Romeo*, in dem ein Romeo-Darsteller sich nach dem Tode seiner Frau ganz dem Kinde widmen will. Die Kinder in den Tod schickte Max Kretzers *Die Engelmacherin*, die im gleichen Jahr wie Hauptmanns *Bahnwärter Thiel* in der *Gesellschaft* erschien. Am Beispiel der Kinder demonstrierten diese Texte,

> Vernachlässigte, unterentwickelte oder getötete Kinder in vielen naturalistischen Werken, z. B. in Holz'/Schlafs *Papa Hamlet* (1889), Peter Hilles *Vater Romeo* (ca. 1890) oder Max Kretzers *Die Engelmacherin* (1888)

---

54 Martini, S. 62

3.7 Interpretationsansätze

wie Armut und soziale Zugehörigkeit Chancengleichheit zur Farce werden ließen und Entwicklungsbedingungen ungleichmäßig verschoben: „Tobias entwickelte sich nur langsam; erst gegen Ablauf seines zweiten Lebensjahres lernte er notdürftig sprechen und gehen." (9)

Moderne Technik, Eisenbahn und Mensch

Eisenbahnwesen als naturalistisches Sujet z. B. in Webers Eisenbahnphantasie (1854), Fontanes Die Brück' am Tay oder Harts Auf der Fahrt nach Berlin (1882)

In Hauptmanns Studie erscheinen Eisenbahn/Eisenbahnwesen bereits im Titel (Bahnwärter). Er wurde einem Trend gerecht. Kaum ein naturalistischer Dichter verzichtete auf dieses Sujet. Das Thema trat parallel mit der Entwicklung des Eisenbahnwesens in die Literatur ein und findet sich 1844 im Gedicht Luise von Plönnies (1803–1872) *Auf der Eisenbahn*, einer seinerzeit erfolgreichen und beliebten Poetin und Übersetzerin. 1854 dichtete Friedrich Wilhelm Weber das Epos *Eisenbahnphantasie* und beschrieb, wie er Zeiten und Räume durchquerte, in ständiger Bewegung und fortwährender Veränderung war: „Was früher groß, war gestern nichts; was gestern jung, ist heute alt."[55]

Ein bekanntes Beispiel zu dem Thema „Eisenbahn und Mensch" wurde Theodor Fontanes Ballade *Die Brück' am Tay*. Sie geht auf ein Ereignis zurück, das in Europa Entsetzen auslöste.[56] In der Nacht vom 28. zum 29. Dezember 1879 stürzte das Mittelstück der Eisenbahnbrücke über den Firth of Tay durch einen Sturm ein. Der auf der Brücke befindliche Zug nach Edinburgh wurde in die Tiefe gerissen; 90 Menschen, nach anderen Angaben bis zu 300, kamen ums Leben.

---

[55] Friedrich Wilhelm Weber: *Eisenbahnphantasie*. In: ders.: Gesammelte Dichtungen, 1. Band, Paderborn 1922, S. 111
[56] Nicht nur Fontane reagierte literarisch auf das Ereignis, sondern auch Max Eyth (1836-1906), der als einer der ersten technischen Schriftsteller Deutschlands galt. In seinem Buch *Hinter Pflug und Schraubstock* (1899) findet sich die Erzählung *Berufstragik*, in der er die Zerstörung der Brücke und das Verschwinden des Zuges aus der Sicht eines Betroffenen erzählte.

3.7 Interpretationsansätze

Fontanes Ballade, dreigeteilt wie Hauptmanns „Studie", beschreibt die Grenzen, die der menschlichen Herrschaft über die moderne Technik gesetzt sind, und hinter denen Schicksalhaftes und Gespenstisches wirkt, weil Vorgänge sich vereinigen, die zuvor nicht einmal als einzelner Vorgang gedacht worden waren. Elemente kämpfen gegen Menschenwerk, Hexen gegen Technik: Fontane beginnt und schließt seine Ballade mit einem Disput der Hexen aus Shakespeares *Macbeth*, die den Vorgang zusammenfassen und verallgemeinern: „Tand, Tand / Ist das Gebilde von Menschenhand." Es trifft zusammen, was nicht füreinander gedacht war: „Denn wütender wurde der Winde Spiel, / Und jetzt, als ob Feuer vom Himmel fiel, / Erglüht es in niederschießender Pracht / Überm Wasser unten ... Und wieder ist Nacht." Fontane verwendet für die Beschreibung der Katastrophe Feuer und Glühen; eine Bildwelt entsteht, die der Gerhart Hauptmanns vergleichbar ist. Bei ihm ist, die Katastrophe vorbereitend, ebenfalls vom „Wind" die Rede, der sich erhoben hat, und die Sonne lässt die Landschaft scheinbar brennen, die „Kiefernstämme ... entzündeten sich gleichsam von ihnen heraus und glühten wie Eisen" (16). Programmatisch wirkte Julius Harts *Auf der Fahrt nach Berlin* (1882), veröffentlicht in der Ende 1884 publizierten naturalistischen Anthologie *Moderne Dichter-Charaktere*, darin fügt er die individuelle Biografie ins Bild einer Eisenbahnfahrt und lässt das persönliche Erleben in der gesellschaftlichen Entwicklung aufgehen bzw. mit ihr kontrastieren. Das lyrische Subjekt Julius Harts erwartete den Untergang ebenso wie „glühende Rosen, grüne Lorbeerkronen", Zeichen des Sieges: „Die Luft durchquillt's wie Blut, / Es brennt die Schlacht, und niemand wird dich schonen."[57] 1887, im Entstehungsjahr des *Bahnwärter Thiel*, schrieb Richard Dehmel

---

[57] Julius Hart: *Auf der Fahrt nach Berlin.* In: Naturalismus 1885–1899, hg. von Ursula Münchow, 2 Bände. Berlin und Weimar: Aufbau-Verlag, 1970, 1. Band, S. 31

3.7 Interpretationsansätze

Eisenbahn als völkerverbindendes Element in Liliencrons Die neue Eisenbahn und Auf einem Bahnhof

in einem Brief, die „Poesie der Postkutsche" sei durch die „Poesie der Bahnfahrt"[58] ersetzt worden.

Eisenbahnen bedeuteten schnelle Verbindungen zwischen Orten und Ländern; durch sie konnten Menschen und Güter transportiert werden, wodurch der Handel und der Austausch von Produkten, auch geistiger Art, stieg. Selbst Veränderungen im nationalstaatlichen Zusammenleben sahen die Autoren an die Eisenbahn gebunden; Detlev von Liliencrons *Die neue Eisenbahn* und *Auf einem Bahnhof* sind Beispiele.

Liliencron hatte Mut zum ungewöhnlichen Wort, nicht nur zu den Lauten, und auch das wäre schon viel gewesen. Aber wie er im Gedicht *Der Blitzzug*[59] Geräusch und Bewegung des Zuges durch die Wortwahl einbringt – rüttet und rattert, Schaffnerpfiff, Lokomotivengepfeif, – ist außergewöhnlich. Die Eisenbahn ist in Liliencrons Dichtung präsent und völkerverbindend; das Gedicht *Der Blitzzug* wird mit den Versen eröffnet: „Quer durch Europa von Westen nach Osten / Rüttert und rattert die Bahnmelodie." Liliencrons Gedicht *Auf dem Bahnhof* (1890) gehört zum Modernsten, was die deutsche Lyrik vor 1900 hatte: An einem Abend vor dem Jahrhundertwechsel, der „neue Mond schob wie ein Komma sich / Just zwischen zwei bepackte Güterwagen."[60] (Werke 2, S. 249). Der Ausschnitt aus der Industrielandschaft erinnert an Gedichte aus dem Werkkreis Literatur der Arbeitswelt gegen Ende des 20. Jahrhunderts: „An diesem Himmel stand wie ausgeschnitten / Ein Haufen Schornsteintürme vor der Helle." Und schließlich schießt ein „Bahnbeamter mit knallroter Mütze" an ihm „vorbei mit Eilgutformularen".[61]

---

[58] Zit. bei Mahal 1975, S. 121
[59] Detlev von Liliencron: *Gesammelte Werke*. Bd. 3, Stuttgart, Berlin und Leipzig: Deutsche Verlags-Anstalt, 1923, S. 237
[60] Detlev von Liliencron: *Gesammelte Werke*. Bd. 2, a.a.O., S. 249 f.

3.7 Interpretationsansätze

Der rollende Zug wurde zum Fortschrittssymbol eines allgemeinen Umbruchs im 19. Jahrhundert, der zunehmend durch wissenschaftliche und technische Entdeckungen den Menschen als Herrn der Natur erscheinen ließ. Dazu löste die zunehmende Urbanisierung die Vorherrschaft des Landes ab. Neue Berufe im Bankwesen und in der Verwaltung entstanden, andere verschwanden. Im Zusammenhang mit den Vorzügen gerieten jedoch getreu der naturalistischen Theorie vom vollständigen Abbild auch die Nachteile und die zunehmenden sozialen Widersprüche in den Blick der Autoren. So wurde der Zug auch zum Symbol des Untergangs – wie in Zolas *Die Bestie im Menschen* (1890), dem 17. Band der *Rougon-Macquart* – ein führerlos gewordener Zug, der Soldaten auf das Schlachtfeld bringen soll, rast ins Verderben –, und wie noch in Friedrich Dürrenmatts 1952 entstandenen Erzählung *Der Tunnel* (Neufassung: 1978). Gerhart Hauptmanns künstlerisches Genie besteht darin, in die Geschichte um den Bahnwärter Thiel beide Seiten einzubringen und so ein Symbol für die Grenzen des Menschen hinsichtlich der Beherrschbarkeit der modernen Technik zu schaffen. Thiel ist verwurzelt in einem mystischen Denken des frühen 19. Jahrhunderts, abgeleitet aus der Herrnhuter Brüdergemeine, und der Romantik verwandt. Die Eisenbahn ist für ihn deshalb ein Dämon, „das schwarze, schnaubende Ungetüm" (16), die Gleise werden zu „feurigen Schlangen" (16); die Telegrafenmasten mit ihren Drähten bilden „das Gewebe einer Riesenspinne" (16). In dieser Welt ist die Erscheinung der Toten möglich, Thiel „hatte seine verstorbene Frau gesehen" (19). Was für Thiel ein Dämon ist, stellt für die Fahrgäste ein modernes Fortbewegungsmittel dar, das sie selbstverständlich und ohne Skrupel nutzen. Erst als Normalität

Zug als Fortschrittssymbol für Umbruch im 19. Jh.
→ zunehmende Urbanisierung, Entstehen neuer Berufe

Zug als Untergangssymbol
→ Grenzen der technischen Beherrschbarkeit (vgl. Zolas Die Bestie im Menschen von 1890)

In Thiels mystischem Denken (orientiert an Herrnhuter Brüdergemeine) wird Eisenbahn zum Dämon

In Tobias' Unfalltod prallen Technikwelt der Moderne und mystisches Denken aufeinander

---

61 Vgl. dazu: Rüdiger Bernhardt: *Leben, Liebe und Tod. Die Bildwelt des Detlev von Liliencron (1844–1909) und ihre Wirkungen*. In: Studia Niemcoznawcze/Studien zur Deutschkunde, hg. von Lech Kolago. Warszawa 2010, 45. Band, S. 281–295

3.7 Interpretationsansätze

und mystische Erscheinung im Unglück des kleinen Tobias zusammentreffen, erschrecken die Reisenden, „eine junge Frau", „ein Handlungsreisender im Fez", „ein junges Paar, anscheinend auf der Hochzeitsreise" (25). Thiels Welt und die Technik der Moderne treffen im Unglück aufeinander und verweisen auf die Grenzen der menschlichen Herrschaft. Hauptmanns Genialität liegt auch darin, die zu seiner Zeit als modernste Errungenschaft gefeierte Eisenbahn in ihrer Ambivalenz gezeigt zu haben. Auch wenn die Sicherheit, die der Mensch schafft, noch so vielfältig und umfassend ist – Thiel ist verantwortlich dafür, sie durchzusetzen und tut es nach besten Wissen und Gewissen –, ist moderne Technik ein fragiles Gebilde, das der Willkür von Natur und Zufall ausgesetzt ist.

Hauptmann führt uns dunkle Seite der modernen Technik vor Augen

Darstellung einer Dreiecksbeziehung: Das „Gleichen"-Modell

Das Thiel'sche Konstrukt, sich mit zwei Frauen – der toten Minna und der lebendigen Lene – einzurichten, die gleichzeitig Vergangenheit und Gegenwart, Geistigkeit und Sinnlichkeit, Himmel und Hölle ahnen lassen, weist auf eine Sehnsucht Hauptmanns hin, für die gleichzeitige Neigung zu zwei Frauen eine Lösung zu schaffen. 1887 gab es erste Krisenerscheinungen in der jungen Ehe mit Marie, die sich wiederholten; 1889 traf er erstmals Margarete Marschalk; die 1893 seine Geliebte wurde. Es kam zu einer komplizierten Trennungszeit und 1904 zur Scheidung, aber Marie beschäftigte ihn fortwährend weiter. Von Beginn an quälte sich Hauptmann mit Lösungen, mit zwei Frauen zu leben. Eine Ehe zu dritt erschien ihm möglich; der Graf von Gleichen, dessen Grabdenkmal mit zwei Frauen im Erfurter Dom steht, wurde für Hauptmann das immer wieder zitierte Beispiel. 1897 verdichtet es sich zum „Stoff", im *Buch der Leidenschaft* wird es mehrfach erwähnt (CA VII, 157, 246, 290) und im Tagebuch 1905, erneut mit zwei Frauen konfrontiert, bekennt

Thiel zwischen zwei gegensätzlichen Frauen → Hauptmanns Wunsch nach Dreiecksbeziehung mit Ehefrau Marie und Geliebten Margarete Marschalk scheiterte in Realität

3.7 Interpretationsansätze

er: „Wie lange hab' ich das Gleichenproblem gewälzt! Wie ist fast jede Einzelheit des Problems von mir erlebt, erlitten, durchdacht worden!" (25. August). Ein „Leben zu dreien auf eine edle und harmonische Weise" in einem „durch weite Mauern abgeschlossenen alten Herrensitz" schien die Lösung des „Gleichen-Problems" (CA VII, 246) zu sein. Sie trat nicht ein; *Bahnwärter Thiel* war ein erstes, noch sehr vorsichtiges literarisches Beispiel für einen solchen Versuch, der bereits in der reduzierten Form scheiterte.

Zahlensymbolik: Die Zahl Drei

Eine besondere Rolle im *Bahnwärter Thiel* spielt die Zahl Drei, die mit der Aufzählung der charakteristischen Schwächen Lenes eingeführt (6) und zur Zahlensymbolik wird: Sie zielt in Hauptmanns *Bahnwärter Thiel* auf symbolische Überhöhung von Gefahren und auf epische Vorwegnahmen bedrohlicher Situationen. – Die Drei ist eine mythisch bedeutsame Zahl; viele Religionen gehen mit ihr um (Dreieinigkeit, Hindu-Trinität; Lebensabschnitte: Geburt – Leben – Tod; Dreizack Neptuns usw.), in Abzählreimen („Ich zähle bis drei ...") und natürlichen Grundstrukturen (Vater-Mutter-Kind) ist sie präsent. Die naturalistische Widerspiegelungstheorie sieht indessen derartige symbolische Vorgänge in den Texten nicht vor. Hauptmann überschreitet mit dem Einsatz der Zahlensymbolik naturalistische Prinzipien.

> Durch ausgeprägte Zahlensymbolik (Drei als mythisch bedeutsame Zahl) Überschreitung naturalistischer Gestaltungsprinzipien

Die Zahl Drei wirkt in allen Bereichen: Formal hat der Gesamttext drei Abschnitte; die Beschreibung der ersten Ehe wird in drei Abschnitten abgetan. In der Personenkonstellation lebt Thiel in einer Dreierbeziehung (Minna-Thiel-Lene). Thiels Biografie weist die Dreizahl aus: Er war zweimal krank, beim dritten Mal wird er wahnsinnig. Es gibt drei Tote: Tobias, Lenes Kind und Lene. Tobias stirbt im dritten Lebensjahr. Im Dienst gab es drei besondere Vorkommnisse (Kaiserlicher Zug, überfahrener Rehbock, Weinflasche). Der

3.7 Interpretationsansätze

Unfall ereignet sich bei der dritten dem Leser gebotenen Durchfahrt eines Zuges (15 ff., 19 f., 24). Auch im Übersinnlichen wird die Drei eingesetzt: Auf Thiels Hausaltar, dem Tisch im Bahnwärterhaus, liegen drei Dinge: das Foto Minnas, „Gesangbuch und Bibel" (8). Wie bei einer Teufelsaustreibung ruft Lene dreimal zu Tobias „pfui" und dreimal spuckt sie vor Tobias aus (13 f.). Die Drei wird schließlich zum Warnsymbol: Mit „drei schrillen Schlägen" (15) wird ein Zug gemeldet; vor dem Unfall wird dreimal Dampf ausgestoßen („ein-zwei-drei", 24) und „Dreimal hintereinander" „grell, beängstigend" (24) gepfiffen. Durch die Drei wird das Geschehen mythisch überhöht und einem determinierenden Schicksal unterstellt, dem der Mensch hilflos ausgesetzt ist.

Die Rolle der Religion: Die Herrnhuter Brüdergemeine

Religiöse Halluzinationen Thiels → Einarbeitung von Glaubenssätzen der Herrnhuter Brüdergemeine in Hauptmanns Werk

Die Geschichte der ersten Ehe Thiels wird als Beziehung zur Kirche geboten: Thiel sitzt „allsonntäglich" (5) in der Kirche, bringt eines Tages eine Frau mit, die er bald darauf heiratet und die ihn von nun an in die Kirche begleitet, ehe zwei Jahre später „die Sterbeglocke" (5) läutet und Thiel wieder allein in der Kirche sitzt, um nach einem Trauerjahr die zweite Frau zu heiraten, was der Pfarrer mit „Bedenken" (5) zur Kenntnis nimmt. Das weist auf die Rolle der Religion in der „Studie" hin. Religiosität im Frühwerk Gerhart Hauptmanns bezieht sich meist auf die Herrnhuter Brüdergemeine, eine pietistische Glaubensbewegung innerhalb der evangelischen Kirche. Helene in *Vor Sonnenaufgang* versucht dem studierten Loth ebenbürtig zu werden, indem sie auf ihre Pensionszeit in Herrnhut verweist (CA I, 27). In seiner Zeit in Lederose, in der Hauptmann mit dem Geist der Herrnhuter vertraut wurde, habe „der religiöse Wahnsinn" (CA VII, 757) an seine Tür geklopft. Halluzinationen und Teufelserscheinungen nahmen ihm „das sichere Unterscheidungsvermögen zwischen eingebildeten Dingen und der Wirklich-

3.7 Interpretationsansätze

keit" (CA VII, 756 f.); sein Thiel erlebt ähnliches. Glaubenssätze der Herrnhuter Brüdergemeine (die Religion ohne Standesunterschiede, jeder Gläubige liest und versteht die Bibel und wirkt selbst wieder missionarisch, das Bemühen Alltägliches zu verbessern, die aktive Tätigkeit auf Äckern und in Gärten und anderes mehr) bleiben in seinem Werk lebendig, ohne dass Hauptmann diese konsequent gelebt hätte. Sein Bahnwärter Thiel ist dem Herrnhuter Pietismus verfallen, baut sich seinen eigenen Altar im Bahnwärterhaus, hilft missionarisch den Kindern „beim Lernen der Bibel- und Gesangbuchverse" (11) und wird auf dem neuen Acker tätig, ehe er erkennt, dass von diesem Ort Gefahren für sich ausgehen. Wie der junge Hauptmann hat auch Thiel Träume, in denen der Wahnsinn ihn in Besitz nimmt.

4. REZEPTIONSGESCHICHTE

ZUSAMMEN-FASSUNG

Die „novellistische Studie" erhielt Zustimmung, stand aber bald im Schatten der Wirkung von Hauptmanns sozialem Drama *Vor Sonnenaufgang*. Sie wurde zu einem bevorzugten Interpretationsobjekt der Literaturwissenschaft und zu einem fast dauerhaften Schulstoff. Daneben hat sie eine beispielhafte künstlerische Rezeption erlebt: Sie wurde variiert und bei ähnlicher Grundkonstellation zu unterschiedlichen Ergebnissen geführt (Paul Ernst, Hans Franck); zudem wurde sie für andere Genres (Fernsehspiel, Oper) adaptiert.

Zeitgenössische Rezeption

Michael Georg Conrad berichtete in seinen Erinnerungen von zustimmenden Zuschriften aus dem Leserkreis, die Hauptmanns *Bahnwärter Thiel* bekommen hatte: „Man habe seit Zola keine bessere Novelle in Deutschland gelesen. Die Technik des Vortrags sei verblüffend."[62]. Dennoch nahmen die Mitstreiter Hauptmanns Text nur beiläufig zur Kenntnis. Als 1896 Eugen Wolff (1863–1929), Mitbegründer des *Durch!* und wichtiger Literaturhistoriker der Naturalisten, in einer *Geschichte der Deutschen Literatur in der Gegenwart* dem Naturalismus und Hauptmann Aufmerksamkeit schenkte, sind im Zusammenhang mit Gerhart Hauptmann drei Feststellungen interessant:

---

[62] Michael Georg Conrad: *Von Emile Zola bis Gerhart Hauptmann*. Erinnerungen zur Geschichte der Moderne. Leipzig: Hermann Seemann Nachfolger, 1902, S. 78

1. Wolff sieht Hauptmann als besonders begabten Dichter, der jedoch ohne die Bahnbrecher der Bewegung nicht zu denken sei.
2. Der Naturalismus habe „das Sinnenleben zum Gegenstand der Betrachtung erhoben und auch das Seelenleben physiologischer, freilich meist rein materialistisch ausgemalt"[63].
3. *Bahnwärter Thiel* wird trotz dieser Feststellungen in den umfangreichen Ausführungen zu Hauptmann nicht genannt; „das einzige vorher (vor *Vor Sonnenaufgang*, R. B.) veröffentlichte Werk unseres Dichters (sei) die lyrisch-epische Träumerei *Promethidenlos*"[64] gewesen.

Eugen Wolff (bedeutsamer naturalistischer Literaturhistoriker) übergeht *Bahnwärter Thiel*

Zwei Fakten standen der Wirkung des *Bahnwärter Thiel* entgegen: Durch die Veröffentlichung in der *Gesellschaft* nahmen in erster Linie die Münchner Naturalisten unter M. G. Conrad den Text zur Kenntnis, weniger die Berliner Naturalisten. So maß etwa Heinrich Hart, der als einflussreicher Vertreter des Berliner Naturalismus galt, Hauptmanns *Bahnwärter Thiel* keine Bedeutung zu.[65] Sein Bruder Julius dagegen erinnerte sich an eine Lesung der „novellistischen Studie" Hauptmanns 1887 in Erkner, die eine „Ahnung von der Kraft und Eigenart seines (Hauptmanns, R. B.) Könnens" gebracht habe, „die nur durch eine langatmige moralisierende Einleitung didaktisch beschwert war."[66] Der Vortrag muss eine imponierende Leistung gewesen sein, von der Julius Hart noch später schwärmte.[67] Als 1889 Hauptmanns *Vor Sonnenaufgang* zum Bühnenskandal wurde und den Sieg der naturalistischen Dramatik

Novelle von Theaterskandal um *Vor Sonnenaufgang* überstrahlt

---

63 Eugen Wolff: *Geschichte der Deutschen Literatur in der Gegenwart*. Leipzig: Verlag von S. Hirzel, 1896, S. 79
64 Eugen Wolff: *Geschichte der Deutschen Literatur in der Gegenwart*. A.a.O., S. 80 f.
65 Vgl. Heinrich Hart / Julius Hart: *Lebenserinnerungen*, hg. von Wolfgang Bunzel. Bielefeld: Aisthesis Verlag, 2006 (Veröffentlichungen der Literaturkommission für Westfalen, Band 18), S. 54
66 Heinrich Hart / Julius Hart: *Lebenserinnerungen*, a.a.O., S. 182
67 ebd., S. 156

Positive Beachtung der Literaturkritik erst durch Buchausgabe 1892

Heute gilt Bahnwärter Thiel als berühmter Prosatext des Naturalismus und ist über Jahrzehnte hinweg kanonisierter Schulstoff

auf der Bühne bedeutete, der letzte Bereich, der noch erobert werden musste, überstrahlte dieses Werk alle früheren und drängte sie ins Vergessen, das bei Hauptmanns *Fasching* so rigoros war, dass der Text erst 1922 aufgefunden und wiederentdeckt wurde. Keineswegs aber war Hauptmann vor der Inszenierung von *Vor Sonnenaufgang* „völlig unbekannt"[68]. Zeitgenossen sahen in Hauptmanns *Bahnwärter Thiel* auch eine Vorwegnahme von Zolas *Die Bestie im Menschen* (1890); der Roman weist Parallelen zum *Bahnwärter Thiel* auf, die sich aus der gemeinsamen theoretischen Grundlage für naturalistische Studien und dem übereinstimmenden Thema des Eisenbahnwesens ergeben haben. – Die Literaturkritik reagierte erst auf die Buchausgabe von 1892, Felix Hollaender fand in ihr „den ganzen Apparat Zola'scher Kunstmittel"[69]. Trotz der geringen Aufmerksamkeit, die die Kritik dem Text schenkte, avancierte *Bahnwärter Thiel* zum berühmten Prosatext der naturalistischen Bewegung, rief eine Vielzahl von Interpretationen und Untersuchungen hervor[70] und wurde zum Schulstoff.

Gerhart Hauptmanns *Bahnwärter Thiel* hat in der Literatur ein außergewöhnliches Eigenleben geführt, das neue Texte beeinflusste. Variiert wurden drei Handlungselemente: der Tod des Kindes Tobias, die Tat des Vaters Thiel und sein Versinken im Wahnsinn. In den Variationen wurden unterschiedliche weltanschauliche Positionen und ästhetische Prinzipien deutlich, die divergierende, ja gegensätzliche Aussagen zur Entscheidungs- und Willensfreiheit des Menschen machten.[71]

---

[68] Stefan Rohlfs: *Die Berliner Volksbühnenbewegung* (I). In: Hinter der Weltstadt. Mitteilungen des Kulturhistorischen Vereins Friedrichshagen e.V. Nr. 5 (1998), S. 21
[69] Felix Hollaender: *Hauptmann und Sudermann als Novellisten*. In: Freie Bühne für den Entwicklungskampf der Zeit. Berlin: S. Fischer, 1892, 3. Jg., S. 768. Vgl. auch Volker Neuhaus: Gerhart Hauptmann. Bahnwärter Thiel. Stuttgart: Reclam, 2005 (Univ.-Bibliothek Nr. 8125), S. 38
[70] Vgl. dazu die Literatur am Ende.
[71] Vgl. dazu Bernhardt 2006

Paul Ernsts Erzählung *Die Frau des Bahnwärters* (1928)

1928 erschien in der *Deutschen Zeitung* Paul Ernsts Erzählung *Die Frau des Bahnwärters*, die ein Gegenstück zu Hauptmanns *Bahnwärter Thiel* darstellt. Sie war zuerst 1916 im Novellenband *Die Taufe* und 1928 auch in den „Geschichten von deutscher Art"[72] veröffentlicht worden. Die Zeitungsveröffentlichung von 1928 löste einen Briefwechsel zwischen Hans Franck und Ernst aus. Paul Ernst, der im Naturalismus seine schriftstellerische Arbeit begann, und Gerhart Hauptmann kannten sich seit 1885. Beide verkehrten im Verein *Durch!* und stimmten in der allgemeinen Protesthaltung der jungen Dichter, in deren Antibürgerlichkeit und im Bekenntnis zur naturwissenschaftlich geprägten Moderne überein.

Paul Ernst (1866–1933) hatte nicht an der Premiere von *Vor Sonnenaufgang* und Hauptmanns grandiosem Erfolg teilnehmen können, er suchte im Januar 1890 brieflich die Verbindung zu Hauptmann. Dabei stellte sich heraus, dass Ernst für die Literatur naturalistische Prinzipien, aber keine entsprechenden modernen moralischen Verhaltensweisen akzeptierte. Nach 1890 hatten sich beide Dichter nichts mehr zu sagen. Mitte der neunziger Jahre war der Gegensatz zwischen ihnen vor allem in sittlichen Fragen unüberbrückbar geworden; das könnte Paul Ernst bewogen haben, im *Bahnwärter Thiel* die Fremdbestimmung des Menschen durch eine (scheinbar) freie sittliche Entscheidung zu ersetzen.

> Unterschiedliche Moralvorstellungen bzgl. Literatur führten zum Bruch zwischen Ernst und Hauptmann

Eine Rahmenhandlung eröffnet die Novelle *Die Frau des Bahnwärters* und betont die Nachprüfbarkeit des Geschehens durch genaue Angaben. Ein Rotschwänzchenpaar, das seine Jungen füttert, strahlt Friede und Anmut aus, aber tatsächlich verlieren Insekten dafür ihr Leben. Dadurch veranlasst, erklärt ein Freund des Er-

> Statt Fremdbestimmung und Triebdeterminierung wie bei Hauptmann setzt Ernst auf die freie sittliche Entscheidung seines Protagonisten

---

72 München: Albert Langen/Georg Müller, 1928

zählers, dass Moral, „deren angebliche Gesetze gewöhnlich als so wichtig hingestellt werden", wenig bedeute für das Leben, dafür aber die Lehren der Kirche zur Sünde „sehr viel tiefer sind, wie dieser bürgerliche Moralglaube. Wir haben einmal von der Lehre über die Sünde wider den Heiligen Geist gesprochen, die uns so dunkel und schauerlich erschien. Ich habe nun einen Vorfall erlebt, bei dem mir klar geworden ist, wie wir uns für unsere heutigen Vorstellungen dieses fürchterliche Dogma deuten können"[73]:

Von einem Bahnwärterhäuschen aus, eine Viertelstunde vom Gutshof des Freundes entfernt, wird eine Weiche versorgt. Sie ist Lebensaufgabe und Lebenszweck des Bahnwärters. Der behütet gleichzeitig ängstlich seinen dreijährigen Sohn und lässt ihn, wenn Züge kommen, nie vor das Haus. Höhepunkt der täglichen Arbeit ist, einen Schnellzug an einem Personenzug vorbei zu leiten, der dann auf einem toten Gleis warten muss. „An einem Sonntag bettelte der Knabe, er wolle seine Fahne nehmen und auch vor dem Haus den Zug erwarten wie der Vater. Auf das Zureden der Mutter erlaubte es der Mann..."[74]. Es geschieht ein Unglück. Während die Mutter in der Küche beschäftigt ist, der Vater zu seiner Weiche eilt, läuft das Kind einem Schmetterling hinterher direkt auf die Gleise. Die Mutter hört das Rufen des Vaters nicht, der Vater verlässt seine Weiche nicht, das Kind ist verunsichert und wird vom Schnellzug tödlich überfahren. Weil er seine Pflicht erfüllte, wird der Vater ausgezeichnet; der Freund beklagt das, denn der Vater habe nichts anderes getan, als was er tun musste. Hätte er das Kind gerettet, hätte er sich „einer Pflichtvergessenheit schuldig gemacht" und eine Sünde begangen, die Gott nicht hätte vergeben können, „denn

---

[73] Paul Ernst: *Die Frau des Bahnwärters*. In: Deutsche Zeitung. Unterhaltungs-Blatt, 16. September 1928, Nummer 219
[74] a.a.O.

er hätte gegen den Grund gefrevelt, der ihm das Leben erlaubt. Das wäre die Sünde gegen den Heiligen Geist gewesen." Jeder Mensch lebe durch göttliche Gnade, und die werde ihm zuteil, wenn er weiß, „dass er eine Weiche zu stellen hat, damit ihm die Gnade zuteil wird, der nicht zweifeln muss, ob er die Gnade nicht missbraucht".

Die Ähnlichkeit mit dem *Bahnwärter Thiel* wurde als „anziehende Abwandlung" bezeichnet.[75] Trotz der wesentlichen Übereinstimmungen im Handlungsverlauf und im Figurenensemble sind die Unterschiede zu Hauptmann gravierend und werden vom Erzähler der Ereignisse auch genannt: „Bis jetzt ist meine Geschichte ja nicht sehr neu. Ähnliches ist schon oft vorgekommen. Aber nun folgt das Merkwürdige."[76] Im Unterschied zu Hauptmann hat der Vater sein Kind selbst getötet: Hätte er die Weiche nicht gestellt, wäre der Schnellzug auf den Personenzug aufgefahren. Das Kind wäre gerettet, aber die Pflicht verletzt worden. Unschuldige Fahrgäste wären umgekommen. So aber hat er sein Kind überfahren lassen, seine Pflicht erfüllt und die Fahrgäste gerettet. – Das „Merkwürdige" für den Freund ist, dass die Frau nach dem Tod des Kindes nicht mehr mit dem Mann zusammenleben kann und sich scheiden lassen will: „Es wurde mir plötzlich klar: was diese Frau trieb, von ihrem Mann zu gehen, das war dasselbe, was den Mann getrieben hatte, seine Pflicht zu tun. Es wäre eine Sünde wider den Heiligen Geist gewesen, wenn sie bei ihm geblieben wäre. Und so ging sie denn von ihm. – Was mit dem Mann werden soll, weiß ich nicht. Er ist ja doch noch ein junger Mensch. Vielleicht fängt er an zu trinken; ich weiß keinen anderen Ausweg für ihn; denn ich glaube nicht, dass er genug Klarheit hat, um an Gott zu glauben."[77] Gera-

> „anziehende Abwandlung" zu *Bahnwärter Thiel*: Vater versagt sich aus Pflichtbewusstsein die Rettung seines Kindes

> Mutter lässt sich nach dem Tod ihres Kindes von ihrem Mann scheiden

> Schuld ergibt sich bei Ernst aus der Sünde (Missachtung der Lebensaufgabe, Verdrängung der zerstörten Mutterschaft)

---

75 Johannes Klein: *Geschichte der deutschen Novelle von Goethe bis zur Gegenwart*. Wiesbaden 1956, 3. Auflage, S. 434
76 Paul Ernst: *Die Frau des Bahnwärters*, a.a.O.

dezu mathematisch exakt teilt Ernst beiden Beteiligten Schuld zu, die sich aus Sünde, nicht aus moralischem Versagen ergibt: Sünde ist es, die Lebensaufgabe zu missachten, aber Sünde ist es auch, eine zerstörte Mutterschaft zu verdrängen.

Zeigt Hauptmanns novellistische Studie den Menschen durch Natur (Triebe) determiniert und vom Schicksal bestimmt, hat bei Paul Ernst der Bahnwärter die Entscheidung scheinbar selbst in der Hand und trifft sie ebenso, wie es bei Hauptmann ohne den Willen des Bahnwärters geschah. In beiden Fällen sind die Ereignisse und die Folgen im Wesentlichen gleich: Das dreijährige Kind eines Bahnwärters wird von einem Schnellzug getötet, der Bahnwärter scheidet aus dem gesellschaftlichen Umfeld aus, einmal als Wahnsinniger, einmal als Alkoholiker. In beiden Fällen verliert er seine Frau, einmal durch Mord, einmal durch Trennung. Die Ursachen sind indessen gegensätzlich: Bei Hauptmann agieren das Schicksal und eine dämonisierte moderne Technik, bei Ernst scheinbar die freie Willensentscheidung, der technische Aspekt der Tätigkeit des Bahnwärters spielt keine Rolle.

> Schicksal und dämonisierte moderne Technik (Hauptmann) versus freie Willensentscheidung (Ernst)

Thiels Schicksal bringt für den Bahnwärter Verzweiflung, Paul Ernsts Bahnwärter wird zum Heroen, weil er gegen väterliche Fürsorge die Pflichterfüllung setzt. Daraus ergibt sich eine gegensätzliche Stellung der Kinder in den Texten: Es ist der Tod des Tobias, der Thiel aufbegehren lässt und ihn mit Erinnerungsstücken an das Kind im Wahnsinn zurücklässt. Bei Ernst spielt das tote Kind keine Rolle und wird mit keinem Wort mehr erwähnt.

Hans Francks Novelle *Quitt* (1928)

Hans Franck (1879–1964), der Paul Ernst seit 1911 kannte, war begeistert von Paul Ernsts Novelle *Die Frau des Bahnwärters* und

---

77 a.a.O.

sandte ihm am 29. September 1928 die eigene Novelle *Quitt* zu. Bezüglich des Unterschieds der beiden Novellen zum Bahnwärter-Stoff sah Ernst sich als Zeichner, Franck dagegen als Maler, was die Ausfüllung des Handlungsgerüstes mit Details anbetrifft. Zwischen den beiden Schriftstellern fand eine Diskussion über die einander so ähnlichen Novellen statt, die beide von Hauptmanns *Bahnwärter Thiel* ausgegangen waren.

<small>Franck wird durch Ernst zur detailreichen Novelle *Quitt* angeregt</small>

Franck lehnte Gerhart Hauptmann entschieden ab.[78] Das wirkte sich auch auf *Quitt* aus. Die Novelle handelt zwischen 1914 und 1927 und entstand 1927. Sie wurde 1931 im Band *Zeitenprisma. Dreizehnmaldreizehn Geschichten* veröffentlicht. Die Hauptgestalten sind schlichte deutsche Menschen, ehrlich, pflichtbewusst. Der Bahnwärter Willem Hagemeister hat sich bei Ausbruch des Ersten Weltkrieges mit 28 Jahren nottrauen lassen. Die Hochzeitsnacht verbringen die Jungvermählten im Freien. Von der Frau getrieben sind sie „im Wald wie hitzige Tiere hintereinander hergejagt"; Sophie hatte „ihn niedergerungen" und er musste ihr ihren Willen tun.[79] Die Frau wird wie Lene in Hauptmanns *Bahnwärter Thiel* von Trieben geleitet. Der Sohn Willi kommt zur Welt. Obwohl Sophie auf weitere Kinder drängt, verweigert Willem sie ihr; erst soll der Krieg zu Ende sein und sie beide müssten ein Häuschen haben, denn sie wohnen immer noch beengt bei der Schwiegermutter. Nach dem Kriege wird neben dem Bahnwärterhäuschen ein Acker bestellt und Vieh gehalten, dort soll auch das Häuschen entstehen. Willi, inzwischen Schulkind, bringt dem Bahnwärter das Essen an das Bahnwärterhäuschen. An einem Augusttag 1923 wird Willi durch einen

<small>Ablehnung von Hauptmanns Novelle als unmoralisch ↔ Ehrliche, pflichtbewusste Protagonisten bei Franck</small>

---

78 Vgl. Rüdiger Bernhardt: *Im Streit um das Drama*. Hans Francks Kampf gegen Gerhart Hauptmann. In: Maske und Kothurn. Internationale Beiträge zur Theaterwissenschaft. Wien – Köln – Weimar: Böhlau Verlag, 40. Jahrgang, 1995 (erschienen 1998), Heft 1, S. 49-68
79 Hans Franck: *Quitt*. In: Zeitenprisma. Dreimaldreizehn Geschichten. München: Georg Müller, 1931, S. 240

Schmetterling abgelenkt, folgt diesem und stürzt in den Schienen. In diesem Augenblick kommen zwei Züge, ein Personen- und ein Schnellzug, die sich hier kreuzen. Auf den Hilferuf des Sohnes hin will Willem Menschen und Sohn retten; aber es gelingt nur, die beiden Züge aneinander vorbei zu leiten. Der Sohn stirbt. Willem wird für seine Tat belobigt und mit einem vollen Jahresgehalt belohnt. Zwei Jahre nach diesem Unglück bringt die Frau, von der man im Dorf inzwischen sagt, man müsse sie in „eine Irrenanstalt" bringen, ihrem Mann das Mittagessen. Als sie ihn schlafend findet und nahebei ein Seil sieht, beschließt sie, „quitt" (Titel) mit ihm zu werden: Sie fesselt ihren Mann und schafft ihn auf die Schienen des Personenzuges. Um ihre Rache vollkommen zu machen, will sie die Weiche so stellen, dass außerdem beide Züge aufeinanderprallen. Kenntnisse als Bahnwärter hatte sie erworben, als sie während des Kriegs das Bahnwärteramt übernehmen musste. Dass sie die Weiche bei ihrer Rache versehentlich falsch stellt, ihr Mann nicht überfahren wird und die beiden Züge nicht aufeinander prallen, verhindert in letzter Minute das Unglück und stellt den entscheidenden Umschlag in die triviale Lösung dar. Am gleichen Tag beginnt Willem mit dem Hausbau, der zum Ende der Erzählung vollendet ist. Sophie bringt jedes Jahr ein Kind zur Welt, „wieviele Kinder schließlich noch darin herumlaufen werden, vermag Niemand zu sagen"[80]. Der Vater erfüllt wie bei Paul Ernst zuerst seine Pflicht und will dann das Kind retten, was misslingt. So weit stimmen die beiden Novellen überein. Die Mutter trennt sich aber nicht vom Vater, versucht sich jedoch zu rächen. Der Zufall verhindert die von ihr geplante Hinrichtung des Bahnwärters. Darin eine Art Gottesurteil sehend ändert die Frau ihren Entschluss, und die familiäre Harmonie wird wieder hergestellt, durch den zusätzlichen Jahres-

Übereinstimmung mit Ernst bei Konfliktformulierung (Rettung des Sohnes oder Rettung vieler Zuginsassen) und heroischer Entscheidung

---

80 Hans Franck: *Quitt,* a.a.O., S. 249

lohn wird sie mit dem eigenen Haus gekrönt. Hauptmanns Lösung ist für Hans Franck im eigenen Werk ebensowenig annehmbar wie die Paul Ernsts, der er mindestens theoretisch zu folgen vermochte. Francks Novelle ist der Paul Ernsts, die er zuvor nicht kannte, verblüffend ähnlich; beide verwenden Handlungselemente, wie sie sich in Hauptmanns *Bahnwärter Thiel* finden: Ein Bahnwärterjunge gelangt auf die Gleise und wird von einem vorüberfahrenden Schnellzug getötet. Es wird in den drei Fällen nach der Schuld gefragt: Bei Hauptmann wird sie Thiels zweiter Frau gegeben; von Thiel aufgefordert, auf Tobias aufzupassen, zuckt sie nur mit den Schultern. Nach Tobias' Tod muss sie deshalb sterben. Bei Ernst sind beide Eltern schuldig-unschuldig; die Mutter wird gerade in dem Augenblick durch häusliche Pflichten abgelenkt, als der Vater ihr die Aufsicht überträgt. Ihre Trennung ist deshalb eine richtige Entscheidung, auch wenn beide dadurch sozial gefährdet werden. Bei Franck trägt keiner Schuld; der Unfall ereignet sich auf dem Weg des Kindes von der Mutter zum Vater. Dass aber der Vater nicht die Passagiere ins Unglück schickt, um den Sohn zu retten, macht ihn in den Augen der Frau zum Schuldigen. Aber ihr Racheplan scheitert und mündet in einer trivialen Lösung.

> Im Kontrast zu Hauptmann und Ernst: Wiederherstellung der familiären Harmonie durch Gottesurteil

Zur gleichen Zeit beschrieb Wilhelm Schäfer, den Franck als Bezugsperson ansah, einen Unfall, bei dem ein Schnellzug auf den letzten Wagen eines anderen Zuges, der wegen eines getöteten Pferdes halten musste, auffährt und die Reisenden tötet.[81]

Der Konflikt der Erzählung *Quitt*[82] ist mit dem Paul Ernsts identisch. Der Sohn Willi, der dem Vater das Mittagessen bringt, gerät in dem Moment zwischen die Gleise, als der Vater die Weiche stellen muss: „Nicht ein Zug fährt um die Mittagsstunde an dem Wärter-

---

81 Wilhelm Schäfer: *Im letzten D-Zugwagen*. In: Wilhelm Schäfer: Die Anekdoten. München: Albert Langen/Georg Müller, 1928, S. 339
82 Hans Franck: *Quitt*. In: Zeitenprisma, a.a.O., S. 239 ff.

> häuschen zwischen K. und G. vorbei, sondern zwei. Der Schnellzug kreuzt den Personenzug... Den Jungen retten? Dann fahren die beiden Züge aufeinander, und Hunderte verlieren das Leben. Durch seine Schuld. Die Weiche stellen? Dann ist sein Kind verloren."[83] Hatten Gerhart Hauptmann das Schicksal und Paul Ernst die tragische Entscheidung mit dem Konflikt verbunden, so fügt Franck die triviale Lösung hinzu, die weit hinter Ernst und noch weiter hinter Hauptmann zurückfällt. Sie entsprach jedoch 1928 dem heraufziehenden Blut-und-Boden-Denken und passte, wie der Literaturwissenschaftler Reinhard Rösler in einer abgewogenen kritischen Betrachtung Francks entwickelte, „in ‚völkische' Literaturkonzepte, denn vom Boden, von der Scholle ist oft die Rede in ihnen (in Francks Büchern, R. B.) und von der engen Verbindung des Menschen mit der Scholle."[84] Francks *Bahnwärter-Thiel*-Variation von 1928 entsprach diesem Konzept und vervollständigte es, indem Francks Bahnwärter auf eigene Entscheidungen verzichtet, seine Pflicht erfüllt, nicht als Lebensgrund im Sinne Paul Ernsts, sondern als „Beamter"[85], und dieser Haltung bedingungslos folgt. – Das Beispiel des mehrfach variierten Schicksals verdeutlicht, wie ein ähnlicher Konflikt zu drei völlig unterschiedlichen Lösungen geführt werden kann und wie sich in diesen Lösungen zeitgenössische Haltungen niederschlagen: vom naturalistischen Determinismus über die nationalistische Überhöhung des edlen deutschen Menschen bis hin zur völkisch-nationalsozialistischen Trivialität des Opfers, das durch Gottesurteil verschont wird. Damit war die Re-

Triviale Konfliktauflösung bei Franck spiegelt Blut-und-Boden-Denken (Verbundenheit mit heimischer Scholle) wider

---

83 a.a.O., S. 245 f.
84 Reinhard Rösler: *Der Dichter-Patriarch vom Ziegelsee*. In: Kiek in. Literatur in Mecklenburg – Vorpommern. Zwischen Sparbuch und Kriegsbuch 1918 bis 1945, hg. von der Mecklenburgischen Landesbibliothek Schwerin, Kulturbund e. V., Schwerin 1991, S. 27. Ähnlich auch in: Reinhard Rösler: *Autoren, Debatten, Institutionen*. Literarisches Leben in Mecklenburg – Vorpommern 1945 bis 1952. Hamburg: von Bockel Verlag, 2003 (Mecklenburger Profile, hg. von Wolfgang Beutin, Bd. 5), S. 17–28
85 Hans Franck: *Quitt*, a.a.O., S. 247

zeption des *Bahnwärter Thiel* als Stoff der Literatur nicht abgeschlossen.

Bahnwärter Thiel als Hörspiel (1946), Fernseherzählung (1982) und Oper (2004)

Am 1. Dezember 1946 erschien in der Leipziger Zeitung von Alfred Matusche der Text *Eine Adventsszene*. Sie war Teil eines Hörspiels, zu dem Matusche vom *Bahnwärter Thiel* inspiriert worden war.[86] Das Hörspiel *Die junge Ehe des Bahnwärters* erschien 1947: Elf Szenen aus der Beziehung Thiels zu Minna verarbeiten die ersten Absätze von Hauptmanns Studie, in denen von Thiels Verletzungen an der Strecke, Hochzeit und Tod berichtet wurde. Minna wird bei einer solchen Verletzung zu Hilfe gerufen, Thiel und sie verlieben sich, Minna wird schwanger – was sie in der 9. Szene mitteilt –, beide genießen ihr stilles Glück, bis Minna bei der Geburt stirbt. Während die äußere Handlung sich an Hauptmanns Vorgaben hält, wird ihr eine sehr viel schärfere Sozialkritik als bei Hauptmann auferlegt.

Scharfe Sozialkritik im Hörspiel Die junge Ehe des Bahnwärters *(1947)*

Am 21. November 1982 sendete das Fernsehen der DDR die „Filmerzählung" *Bahnwärter Thiel*[87], die zu einem der großen Fernseherlebnisse wurde. „Fernseherzählung" wurde deshalb als Genrebezeichnung gewählt, weil Zitate und erzählende Texte mit Spielszenen wechselten und dadurch viel vom ursprünglichen Text erhalten blieb. Vor allem hatte man mit Martin Trettau einen Schauspieler gefunden, der in jeder Hinsicht den Vorstellungen entsprach, die man sich von Thiel machte. Der Regisseur charakterisierte den Thiel seiner Inszenierung: „Hauptmann liefert die mit großer Sorgfalt aus-

DDR-Filmerzählung von 1982 als sorgfältige psychologische Studie

---

86 Vgl. Sigfrid Hoefert: *Zum Nachhall von Gerhart Hauptmanns Novelle „Bahnwärter Thiel" bei Alfred Matusche*. In: Edward Bialek u.a. (Hg.): *Leben-Werk-Lebenswerk. Ein Gerhart Hauptmann-Gedenkband*. Legnica: Orbis Linguarum, 1997, S. 311
87 Regie: Hans-Joachim Kasprzik, Drehbuch: Klaus Jörn, Hans-Joachim Kasprzik; Dramaturgie: Bernd Schirmer

geführte psychologische Studie eines Mannes, der ohne schöpferische Impulse lebt, hingegeben an die Monotonie seiner Arbeit, einer Arbeit, der er in strenger Pflichterfüllung, aber ohne innere Befriedigung nachgeht."[88] Presse und Publikum waren begeistert; in zahlreichen Leserbriefen wurde die Sendung als „ein wahres künstlerisches Erlebnis"[89] gefeiert.

Bahnwärter Thiel wurde 2004 ein Opernprojekt des Theaters Görlitz. Enjott Schneider, ein bekannter Filmkomponist, schrieb die Oper als Auftragswerk; den Text erarbeitete er gemeinsam mit Julia Cloot. Das Operlibretto hielt sich an Hauptmanns Dialoge – ein Hinweis darauf, dass die Ansicht, es gäbe bei Hauptmann keine Dialoge[90], falsch ist, denn immerhin sind ca. 20 Prozent der „novellistischen Studie" in Gesprächsform bzw. Dialogform geschrieben. *Bahnwärter Thiel,* Oper in acht Bildern, wurde am 28. Februar 2004 in Görlitz – es nannte sich bis 1988 auch Gerhart-Hauptmann-Theater – uraufgeführt, danach auch am Gerhart-Hauptmann-Theater in Zittau gespielt und erlebte bundesweit Beachtung. Zwar habe sich Enjott Schneider zahlreicher Klischees bedient, aber gerade deshalb sei die Uraufführung „zweifellos gelungen"[91]. Ein längeres Gleisstück lag in der Aufführung auf der Bühne; es deutete den Grundcharakter an: Zwei Gleise bedeuteten getrennte Wege, unterschiedliche Sphären und gegensätzliche Richtungen. Der volle Einsatz der Drehbühne ließ „die Dynamik der so genannten Neuen Zeit als etwas Unnatürliches erscheinen. Es ist der Sinn, der verloren gegangen ist. Endlich verschmelzen die Schienen doch am Horizont zu einer – die Unendlichkeit ist Thiel und seiner Gesell-

Oper des Theaters Görlitz von 2004 erlebte bundesweite Beachtung: Gleise als Symbol für Doppelstadt Görlitz-Zgorzelec

---

88 Vgl. *In dieser Woche.* In: Für Dich 1982, Nr. 45
89 *Meisterhaft umgesetzt* (Leserbriefe) in: FF-Dabei 1982, Nr. 53-01; vgl. auch: Henryk Goldberg: *Kleinod Hauptmannscher Prosa in eindringlicher Bildsprache.* In: Neues Deutschland (ND) vom 23. November 1982
90 „Dialoge fehlen fast ganz", schrieb Paul Schlenther, S. 46
91 Christian Schmidt: *Schiene bringt Leben und Tod.* In: Freie Presse vom 1. März 2004,

schaft unheimlich, unfassbar geworden." Eine zusätzliche Leistung der Aufführung war, dass mit den Gleisen auch die Dimension der Doppelstadt Görlitz-Zgorzelec versinnbildlicht werden sollte: „Das Zusammenwachsen Europas kann nur gelingen, wenn nicht nur die Ökonomie stimmt, fast wichtiger ist es, dass die kulturellen Identitäten lebendig miteinander korrespondieren."[92]

---

[92] Gerhard Rohde: *Ein Mensch verliert sich. Gerhart Hauptmanns ‚Bahnwärter Thiel' als Oper von Enjott Schneider in Görlitz uraufgeführt.* In: F. A. Z. vom 3. März 2004

5. MATERIALIEN

Einer der ältesten Freunde Hauptmanns, Josef Block (1863-1943), schrieb dem Dichter am 26. August 1889 über den *Bahnwärter Thiel*:

> „Ich las vor einiger Zeit die Studie ‚Bahnwärter Thiel', welche mir ganz außerordentlich gefallen hat. Wie ich glaube, werde ich im Winter nach Berlin kommen und hoffe alsdann mit Ihnen sprechen zu können. Es wird mir mit der Feder schwer, meine Gedanken glücklich zum Ausdruck zu bringen, ich brauche Gegenrede. Haben Sie mal etwas von meinen Bildern gesehen?"[93]

Zu dieser Zeit malte Block in Bruno Piglheims (1848–1894) realistischer Manier, die Wert auf historische Details legte. Block malte an der Münchner Akademie Bilder wie *Christus und die Samariterin* (1887) und *Der letzte Sonnenstrahl* (1888).

Ähnlich enthusiastisch reagierte Marie Herzfeld (1855–1940), die zum literarischen „Jungen Wien" gehörte; sie schrieb am 19. Juli 1890:

> „Als ich vor Jahren Ihren ‚Bahnwärter Thiel' in der *Gesellschaft* fand, jubelte ich, und seither habe ich Ihren Namen nicht vergessen. Damals schrieb ich an dänische Freunde: ‚Ich glaube, wir bekommen eine deutsche Literatur!'"[94]

Merkwürdigerweise spielte *Bahnwärter Thiel* bei den frühen Freunden Hauptmanns keine herausragende Rolle. Eine der ersten Bio-

---

[93] Brief vom 26. August 1889 von Josef Block, in: Gerhart Hauptmann: Notiz-Kalender 1889 bis 1891, S. 161
[94] Brief vom 19. Juli 1890, in: a.a.O., S. 277

grafien stammte von Adalbert von Hanstein, der wenig zu dem Werk zu sagen hatte:

> „ ... das soziale Mitgefühl war seine Grundstimmung. Sie veranlasste ihn, stundenlang der Genosse eines einsamen Bahnwärters zu sein, dessen stilles Leben im traumselig stimmungsvoll geschilderten märkischen Kiefernwald er in der Novelle *Bahnwärter Thiel* (1887, zuerst abgedruckt in der *Gesellschaft*) niederlegte."[95]

Die Zusammenhänge zwischen Gerhart Hauptmann und Georg Büchner wurden von Hans Mayer beschrieben. Mayer hatte nicht nur eine der ersten grundlegenden Monografien über Georg Büchner geschrieben, sondern sich auch umfangreich mit Gerhart Hauptmann beschäftigt. Im Nachwort zu den Erzählungen in seiner achtbändigen Ausgabe *Ausgewählte Werke* schrieb er dazu:

> „Der Hybris der Geselligkeit beim Segelmacher Kielblock entspricht eine mit pietistischen Zügen durchsetzte Hybris der Absonderung bei dem Bahnwärter. Nicht zufällig gerät Thiel dadurch in eine Lage, die derjenigen des armen Franz Woyzeck bei Büchner gleicht. Übrigens auch gleichen soll, denn bis in Einzelheiten der Erzählung Hauptmanns, etwa beim Anblick des Küchenbeils, wird die entsprechende Szene aus Büchners Schauspiel nachgestaltet. Auch der Tonfall der Erzählung erinnert stellenweise an Büchner, vor allem an die Lenz-Novelle. ,Da huschte ein Eichhorn über die Strecke, und Thiel besann sich. Er musste an den lieben Gott denken, ohne zu wissen warum.' Das könnte bei Büchner stehen. ... Die Beziehung

---

[95] Adalbert von Hanstein: *Gerhart Hauptmann*. Eine Skizze. Leipzig: R. Voigtländer's Verlag, 1898, S. 10. Wortidentisch, nur mit dem Namen „Thiele", auch in Adalbert von Hanstein: *Das jüngste Deutschland*. Leipzig: R. Voigtländer Verlag, 1901, S. 164

zwischen Hauptmann und Büchner, die Wiederholung des Falles Woyzeck im Falle Thiel, ist nicht unter dem Zeichen literarischer ‚Einflüsse' zu verstehen. Es führt eine tiefe innere Verbindungslinie von der Mitleidsauffassung Büchners zur Rolle des Mitleids im Werk Gerhart Hauptmanns, gerade auch schon in der novellistischen Studie *Bahnwärter Thiel*. Allerdings zeigen sich sogleich auch die Unterschiede, die der verschiedenen Lebenssituation bei Büchner und Hauptmann entstammen. Das Mitleid Büchners entspringt einer unreifen Gesellschaftslage; das Mitleid Hauptmanns, im Grunde sogar das Schicksal Thiels, entspringt der Entscheidungslosigkeit im Gesellschaftskonflikt. Dadurch wird Thiel noch in einem anderen Sinne, als Hauptmann angestrebt haben mochte, zu einer typischen Gestalt."[96]

In einer Untersuchung des deutschen Naturalismus, den er allerdings mehr als zehn Jahre zu spät ansetzt und für den er Hauptmanns *Vor Sonnenaufgang* ungerechtfertigt als „erstes beispielgebendes Werk" sah – das galt allenfalls bedingt für das Drama –, kam Paul Böckmann zu interessanten, wenn auch nicht widerspruchsfrei hinzunehmenden Feststellungen über den *Bahnwärter Thiel*:

„Im Unterschied zum *Promethidenlos* herrscht (im *Bahnwärter Thiel*, R. B.) eine berichtende Sachprosa vor, die noch mancherlei konventionelle Mittel benutzt, aber auch ein festes Ziel verfolgt. Im Sinne der naturalistischen Motivation der menschlichen Handlungen aus Triebhaftigkeit und Milieubestimmtheit wird ein novellistisches Ereignis und menschliches Schicksal erklärt. Man durchschaut den Aufbau der Erzählung erst vom Ende her, wo

---

[96] Hans Mayer: *Nachwort*. In: Gerhart Hauptmann: Ausgewählte Werke: 8. Band (Erzählungen). Berlin: Aufbau-Verlag, 1962, S. 567 f.

deutlich wird, wie alles Erzählte nur die Determinationen vorführt, durch die sich die Schlusskatastrophe ergibt. Der kleine Junge des Bahnwärters aus seiner ersten Ehe wird am Streckenhäuschen vom Schnellzug überfahren; der Vater ermordet daraufhin seine zweite Frau und deren Säugling und wird selber als Irrsinniger in die Charité gebracht. Diese Schrecknisse sollen erklärbar werden, und so werden uns die Menschen in ihrer dumpfen Sinnlichkeit und Hilflosigkeit geschildert, die äußeren Umstände und inneren Zustände verdeutlicht, die die Ereignisse bedingen. Es fällt kaum ein direkt erläuterndes oder ausdeutendes Wort; kein tieferer Sinnbezug wird sichtbar, sondern nur ein Geschehen in seine realen Zusammenhänge eingelagert. ... Das sich zeigende Leben wird in allen noch so fragwürdigen Gestalten beachtenswert und auffassbar. Aber zugleich ist auffällig, dass die inneren Zustände nicht allein durch die Beachtung äußerer Zeichen verständlich werden, dass die dumpfe Gespanntheit und sinnliche Hörigkeit des Mannes einer besonderen Verdeutlichung bedarf. Die Erzählung bedient sich des Traumes, um das aus dem Innern aufbrechende Geschehen zu erläutern und weist damit auf psychologisch hintergründigere Vorgänge."[97]

---

[97] Paul Böckmann: *Der Naturalismus Gerhart Hauptmanns*. In: Schrimpf, S. 229 f.

6. PRÜFUNGSAUFGABEN MIT MUSTERLÖSUNGEN

Unter www.königserläuterungen.de/download finden Sie im Internet zwei weitere Aufgaben mit Musterlösungen.

Die Zahl der Sternchen bezeichnet das Anforderungsniveau der jeweiligen Aufgabe.

Aufgabe 1 *

Erläutern Sie die Bedeutung der Eisenbahn für die Novelle im Zusammenhang mit der Entwicklung der modernen Technik im 19. Jahrhundert und stellen Sie ihre (z. T. literarisch ausgestalteten) Auswirkungen auf den Menschen dar.

Hauptmanns Bahnwärter im *Bahnwärter Thiel* leistet seit zehn Jahren zuverlässig und pünktlich seine Arbeit. Seltene Störungen lagen nicht an ihm, sondern an Verletzungen, die ihm beim Vorbeifahren von Zügen zugefügt wurden. Seine Arbeit ist genau festgelegt und betrifft die Schranken, die er bei vorbeifahrenden Zügen zu schließen hat. Das leistete er „gewissenhaft, obgleich der Weg nur selten von jemand passiert wurde" (15). Sein Verhältnis zu dieser Arbeit ist jedoch trotz der dienstlichen Disziplin weitgehend fremdbestimmt: Der Zug erscheint ihm als ein Dämon, die Landschaft verändert sich während der Durchfahrt mythisch und die Leistungen des Zuges – der Transport von Waren oder Passagieren – interessiert ihn nicht: „Er hat sich nie um den Inhalt dieser Polterkasten gekümmert" (25). Ohne dass Gerhart Hauptmann in didaktischer Weise darauf hingewiesen hätte, wird in Thiels Verhalten die Schwierigkeit im Umgang mit moderner Technik erkennbar: Sie ist ebenso nützlich wie in Teilen vom Menschen nicht zu beherrschen; sie schafft fortwährend neue Begegnungen, aber auch Unsicherheiten. Aus der Sicherheit der festen Wohnorte wurde die Unsicherheit, mit der Arbeit mitziehen zu müssen. Thiel lebt in diesem Gegensatz, ohne ihn zu begreifen: Er bedient die Veränderung und bewahrt sich die Sicherheit. Zu spät muss er einsehen, dass auch in diese Sicherheit durch die Bewegung Unsicherheit, Bedrohung und Tod eindringt und er nichts dagegen unternehmen kann, obwohl er dafür verantwortlich ist.

In der Mitte des 19. Jahrhunderts war den meisten Menschen, besonders in den städtischen Räumen, bewusst, dass sich eine grundsätzliche Veränderung ihrer Lebensumstände vollzog. Die Entwicklungen in der modernen Technik (Verkehrswesen, Nachrichtenübermittlung, Medizin, Wissenschaft, – die beiden letzteren festgemacht an dem Namen Darwins und seiner Vererbungslehre) mit Taines Milieutheorie und vielem anderen, lösten das Gefühl aus, ein Leben zu führen, das sich entscheidend vom bisherigen unterschied. Hauptmanns Thiel wirkt am Rande dieses neuen Lebens mit, ist aber mit seiner Arbeit immer einsamer geworden und hat die Beziehung zur gesellschaftlichen Entwicklung längst verloren. Als ihm auch der letzte soziale Halt zerstört wird, die Bindung an den geliebten Sohn, wird er aus den nur noch lose vorhandenen sozialen Banden gerissen und zerstört. Diese Entwicklung spielt sich im Umkreis der Eisenbahn ab, der Thiel dient. Was er aber leistet, ist eine im höchsten Maße entfremdete Arbeit.

Die Eisenbahn, im erweiterten Sinn das Verkehrswesen, war zum Symbol der gesamten Entwicklung geworden, weil sie den Austausch über die sich rasant vollziehenden Entwicklungen ebenso schnell vorantrieb. Noch entscheidender war der Anteil der Eisenbahn an der Internationalisierung der Probleme und Widersprüche.

Parallel zu der technisch-wissenschaftlichen Entwicklung vollzog sich eine ökonomische Umschichtung, die durch die Verkehrsmittel vorangetrieben wurde: Völkerströme zogen im Verlauf des 19. Jahrhunderts von Ost nach West, wobei nationale Grenzen nur eine geringe Rolle spielten und etwa die Auswanderung zahlreicher Deutscher und Iren in die USA mitgedacht werden muss, ein Vorgang, der auch den jungen Hauptmann und seine Freunde beschäftigte, wollten sie doch eine Art urkommunistische Kolonie der Ikarier in den USA gründen. Polnische und schlesische Wanderarbeiter, die wie Hauptmanns *Weber* ihrer wirtschaftlichen Grundlagen durch die Kapitalisierung beraubt wurden, und Studenten zogen nach Deutschland, insbesondere ins Ruhrgebiet, und in die Schweiz; Hauptmann nahm den Vorgang in Stücke wie *Einsame Menschen* auf. Die ländlichen Regionen wurden verlassen und die städtischen Gebiete wuchsen rasant. In Thiels Bewusstsein schlägt sich das nur noch im Bild nieder: Sein Bahnwärterhaus liegt abseits der nächsten Ortschaften, „mindestens durch einen dreiviertelstündigen Weg von jeder menschlichen Wohnung entfernt" (8), und das Bahngleis kommt aus dem scheinbar unendlichen Forst und führt „geradlinig in den unabsehbaren grünen Forst hinein" (16). Ausgangspunkt und Ziel sind Thiel nicht bewusst. Dass die Eisenbahn gesellschaftlich zum Symbol des Fortschritts und Sinnbild radikaler Veränderungen geworden ist, wirkt sich für Thiel, dessen Bindungen an die Gesellschaft fast verloren gegangen sind, nicht aus. Für ihn ist es ein Dämon, der ihn bedroht, gefährdet und schließlich sein Liebstes, sein Kind vernichtet. Hauptmann hat, indem er Thiels Tätigkeit als entfremdete Arbeit beschrieben, den Zusammenhang von Fortschritt und Gefahr geradezu prophetisch erkannt und damit ein Bewusstsein geschaffen, das bis in die Gegenwart bedeutungsvoll geblieben ist. Es ist das Bewusstsein von der Spannung zwischen Gewinn und Gefahr, Fortschritt und Vernichtung, entfremdeter und nichtentfremdeter Arbeit, Herrschaft des Menschen über Natur und Technik und Herrschaft von Natur und Technik über den Menschen, letztlich von Leben und Tod. Aufzulösen ist diese Spannung weitgehend, aber nicht grundsätzlich. Deshalb stellten die Schriftsteller neben das Glück der schnellen Bewegung und Veränderung die Bedrohung durch den Tod. Im *Bahnwärter Thiel* sitzt unter anderem im Zug, der Tobias tötet, ein junges Brautpaar auf der Hochzeitsreise: Der Konflikt hat seine Personalisierung bekommen. Bereits 1878 hatte Leo Tolstoi Anna Karenina im gleichnamigen Roman sich unter einen Zug geworfen; sie wiederholt damit eine Szene, deren Zeuge sie gewesen war. Kretzers Meister Timpe im gleichnamigen Roman stirbt ebenfalls, als die neu eröffnete Stadtbahn über sein Haus hinwegbraust. In Zolas *Die Bestie im Menschen* gibt es mehrere Tode usw.

Aufgabe 2 **

> Stellen Sie die sprachlichen Mittel in *Bahnwärter Thiel* dar und beschreiben Sie deren Funktion innerhalb eines naturalistischen Textes. Erläutern Sie, inwiefern der Text gegen naturalistische Prinzipien verstößt.

Hauptmanns „novellistische Studie" gliedert sich in drei Abschnitte, die sprachlich voneinander unterschieden sind. Die sprachlichen Mittel werden in den Dienst der naturalistischen Prinzipien gestellt. Abschnitt I wird wie ein Protokoll eröffnet. Auf Kommentare eines Erzählers wird bis auf wenige Reste verzichtet; die Sprache entspricht der sprachlichen Unbeholfenheit eines Berichterstatters, der keine literarischen Ambitionen hat. Das ist das naturalistische Prinzip, die Wirklichkeit bis ins Detail und ohne Auslassung abzubilden. Im I. Abschnitt schließt sich ein Verfahren an, das den von Thiel gelebten Lebensplan mit der toten Minna und der lebenden Lene, der an zwei verschiedene Orte geknüpft ist, in ein duales sprachliches System überträgt. Gegensätzliche Wortpaare sind an der Tagesordnung; ihren Höhepunkt finden sie in der Formulierung „die Lebende und die Tote" (8). Abschnitt II folgt den Regeln des chronologischen Erzählens, wobei die zahlreichen Zeitangaben den Ablauf eines Tages von früh 7 Uhr bis abends kurz nach 19 Uhr demonstrieren. Es wird der Eindruck der Treue von erzählter Zeit und Erzählzeit angestrebt, der zwar nur im Detail kurz eintritt, aber immerhin gefühlt wird. In diesem Abschnitt werden auch Stereotype erkennbar, die den Tag nicht als außergewöhnlich, sondern als normal erscheinen lassen, bis auf die nochmalige Rückkehr Thiels nach Hause, die ihn die Misshandlung seines Tobias erleben lässt. Solche Stereotype sind zahlreich: Sie reichen vom eröffnenden „aus dem Dienst", „gewohnter Weise zu lamentieren", „ein Mal übers andere" (9), „Nächten, wo er nicht im Dienst war" usw. bis hin zu „stereotyp" (10) selbst; anschließend setzt sich die Reihe solcher idiomatischen Wendungen fort wie „der ganze Ort hatte sich gewöhnt", „Die Leute verübelten", bis er in der Vorbereitung auf den anstehenden Dienst seinen Höhepunkt erreicht: „... jeder Handgriff war seit Jahren geregelt" (11). In Abschnitt III werden diese Ordnungen, die im Abschnitt II in ihrem alltäglichen Ablauf dokumentiert werden, aufgelöst und zerstört, nachdem bereits am Ende des II. Abschnitts Thiel die Misshandlungen Tobias' als etwas Außergewöhnliches erlebt, obwohl er es anders wissen müsste und könnte. Schließlich hat er bereits am Morgen beim Anziehen von Tobias die Spuren der Schläge bei ihm gesehen. Der III. Abschnitt führt die beiden Örtlichkeiten zusammen; der neue Acker Lenes liegt dicht am heiligen Ort für Minna. Daraus müssen notwendigerweise Konflikte entstehen, die sich aufbauen und bis zu Tobias' tödlichem Unfall führen, dem sich eine nochmalige Zuspitzung durch Thiels Mord an Lene und ihrem Kind anschließt. So wie die Handlung spitzt sich auch die Sprache zu: Der bis an die Grenze zur Trivialität reichenden Beschreibung von Naturschönheiten und Harmonie – „ein herrlicher Sonntagsmorgen" (20) – schließt sich ein ausgeprägtes Vokabular des Todes und der Vernichtung an: Von den Pfiffen des Zuges, „grell, beängstigend", bis zu dem breit gespannten Wortfeld „Blut". Die immer größere sprachliche Verwirrung und sich ausschließende Gegensätzlichkeit des sprachlichen Materials des III. Abschnitts ist Ausdruck der Veränderungen, denen Thiel unterliegt und die ihn schließlich in den Wahnsinn und damit in die Sprachlosigkeit treiben: Man bekam von ihm „keine Antwort" (32). Danach fällt der III. Abschnitt in den protokollartigen Charakter der Eröffnung zurück und wird so beendet (32). Mit diesen verschiedenen Funktionen des sprachlichen Materials erfüllt Hauptmann die Prinzipien des Naturalismus, nicht jene des „konsequenten Naturalismus", der erst drei Jahre später publik wird. Auch die Bezeichnung als „Studie" zielt auf die Wissenschaftlichkeit des Textes, auf seinen Experimentiercharakter.

Doch bestätigt der Text nicht nur naturalistische Prinzipien, sondern nutzt auch andere sprachliche, in dem Fall ausgeprägt literarische Möglichkeiten. Das wird einmal in einzelnen Passagen erkennbar, in denen lautmalerisch gearbeitet wird, sowohl in einzelnen Wendungen („rote, runde Lichter"; 20), als auch in Sätzen und Passagen wie jenen, in denen die Zugdurchfahrt beschrieben wird (16). Umfangreicher noch als das Mittel der Lautmalerei, der Alliteration und Assonanzen setzte Hauptmann Symbole ein, die im Naturalismus zwar nicht gänzlich aufgegeben wurden, aber doch nicht erwünscht waren: Dazu gehört die Funktion der Drei, die Symbolik des Netzes und des Spinngewebes und anderes. Nicht dazu gehören, wie manchmal angenommen wird, Thiels Traumerlebnisse. Sie haben im Naturalismus ihre Funktion, weil sie die inneren geistigen und seelischen Vorgänge des Menschen in gleicher Weise protokollieren wie es mit den äußeren Abläufen geschah. Nicht zufällig fällt die Entwicklung der Psychoanalyse als Wissenschaftsdisziplin in den gleichen Zeitraum. Der auf den Gleisen vorbeirasende Zug ist Wirklichkeit, aber auch der Traum von der auf den Gleisen wandelnden toten Minna. Damit erfüllte Gerhart Hauptmann einerseits die Forderungen der naturalistischen Theorie, andererseits verfügte er über gestalterische Fähigkeiten, die ihn bald über den Naturalismus hinausführten. Seiner charakterlichen Veranlagung kam diese Parallelität entgegen; sie ließ ihn zu einem der bedeutendsten deutschen Dichter in verschiedenen literarischen Epochen werden.

Aufgabe 3 ***

> *Bahnwärter Thiel* wird als „novellistische Studie" bezeichnet. Erläutern Sie die beiden Begriffe und ihre Bedeutung im deutschen Naturalismus.

Als das Werk 1888 zuerst erschien, trug es den Untertitel „Novellistische Studie aus dem märkischen Kiefernforst". Auch der kurz zuvor entstandene *Fasching* wurde als „eine Studie" bezeichnet, der dritte Text *Der Apostel* erschien zwar zuerst 1890 als „Novelle", wurde aber 1892 gemeinsam mit dem *Bahnwärter Thiel* unter der Genrebezeichnung „Novellistische Studien" veröffentlicht. „Studie" war für die naturalistische Bewegung eine wichtige Bestimmung: Es wurde neben der künstlerischen Absicht, ein novellistisches Geschehen zu erzählen, auf den wissenschaftlichen Charakter des Erzählens hingewiesen. Das geschah einmal beim *Bahnwärter Thiel* durch die genaue Bestimmung des Untersuchungsraumes – „märkischer Kiefernforst" –, der in dieser Zeit von Hauptmann in Gedichten wiederholt, aber auch im Text selbst immer wieder verwendet wurde –, und durch die Konzentration auf „Studie", die innerhalb der Wortfolge wichtigstes Glied ist. Beim novellistischen Geschehen kann zuerst an Goethes Bestimmung erinnert werden, indem er die Novelle als eine „sich ereignete unerhörte Begebenheit" (zu Eckermann, 25. 1. 1827) bezeichnete. Aber neben der „unerhörten Begebenheit", die in Thiels Tat besteht, Frau und Kind zu ermorden, scheinen auch andere Bestimmungen der Novelle nachzuwirken, wie die Theodor Storms, der die Novelle als „die Schwester des Dramas und die strengste Form der Prosadichtung" bezeichnete. Hauptmanns *Bahnwärter Thiel* hat eine dramatische Struktur, die es in der Rezeptionsgeschichte auch anderen Autoren leicht machte, die „novellistische Studie" in andere Gattungen (Film, Oper) zu übernehmen. Es wird jedoch deutlich, dass der Novellencharakter nur sekundäre Bedeutung hat und auf das Attribut „novellistisch" reduziert wurde. Die Ursache dafür lag in der Absicht der naturalistischen Bewegung, möglichst wenig künstlerisch als vielmehr durch eine objektive Beschreibung der Wirklichkeit zu wirken, die keine Unterschiede zwischen schön und hässlich mehr kannte, weil alles Vorhandene gleichberechtigtes Material für den Beobachter ist.

„Studie" war um 1890 ein geläufiger Begriff im literarischen Umfeld, die ästhetische Kategorie der „Novelle" hatte dagegen nur eine untergeordnete Bedeutung. Oft wurde die „Studie" durch attributive Zusätze genauer bestimmt. Gerhart Hauptmann bezeichnete *Bahnwärter Thiel* als „novellistische Studie" im Unterschied zu anderen Studien – im gleichen Heft der *Gesellschaft* erschien noch eine „soziologische Studie". Die „Studie" wurde ein typischer Begriff der naturalistischen Literatur. Sie hatte natürlich immer mit Entwurf und wissenschaftlicher Untersuchung (Fallstudie, Feldstudie, Laborstudie usw.) zu tun. Sie sollte vor allem auf drei Voraussetzungen des Textes hinweisen: Erstens nahm sich der Autor eines Wirklichkeitsausschnittes an, den er wie ein Wissenschaftler zu untersuchen begann, um die ihm innewohnenden Gesetzmäßigkeiten zu erkennen und sie in seinem Text auszustellen. Zweitens sollte darauf hingewiesen werden, dass der gebotene Text kein fertiges Produkt ist, sondern ein Zwischenergebnis, dem weitere Aufmerksamkeit geschenkt werden kann, wenn es notwendig ist. Drittens schließlich sollten ästhetische Assoziationen – etwa der Art, es könne sich um ein literarisches Werk handeln, das ästhetische Bedürfnisse nach künstlerischer Schönheit befriedige – ebenso zurückgewiesen werden wie der subjektive Anteil des Autors an dem vorliegenden Text. Der Autor sollte nichts anderes sein als ein Dokumentarist der Wirklichkeit, der mit den objektiv vorhandenen Gegebenheiten experimentieren sollte. Das von Zola stammende theoretische Werk *Le roman expérimental* (1880) und der 1876 eingeführte Begriff von Edmond de Goncourt des „documents humain" machten Methode und Gegensatz deutlich: Durch Beobachtung sollte die Wirklichkeit objektiv und ohne die subjektive Wertung eines künstlerischen Gestaltungswillens abgebildet werden, denn der Autor zieht sich aus seinem Text zurück; die herausragende Individualität wurde zu Gunsten des durchschnittlichen Menschen zurückgenommen. Die „Studie" war die zugehörige Kategorie. Die Texte wirken sachlich und verzichten auf psychologische Deutungen. Dadurch erscheint der Anfang des *Bahnwärter Thiel* als bürokratisches Protokoll, das mit unbeholfenen Formulierungen umgeht („infolge eines vom Tender", „einer Weinflasche wegen"; 5), die als „konventionelle Mittel" verdächtigt werden können (s. Materialien, Böckmann, S. 110 f.), aber Ausdruck des gewollt unkünstlerischen Verfahrens sind. Nur einige Modalverben, die subjektive Handlungseinstellungen betreffen ([ver]mögen, müssen), verlassen den Protokollcharakter und weisen auf ein subjektiv bestimmtes, anders als erwartetes Verhalten hin. Erst nachdem die Experimentalanordnung neu geschaffen wurde, geht das Protokoll des Anfangs in einen Dialog über („Auch der Pastor gestattete sich ...", 5).

„Studie" korrespondiert mit „Skizze", die in ähnlicher Art wissenschaftlich in Architektur und Mathematik, Vermessungstechnik (Feldskizze) und Geometrie (Planskizze) eingesetzt wird, aber auch zu den Künsten gehört: die Skizze eines Bildes und die Skizze als nicht ausgeformter Prosaentwurf sowie als Entwurf einer dramatischen Handlung. „Studie" und „Skizze" führen eine Art Experiment vor, das nicht abgeschlossen ist oder durch die Studie/Skizze einer Lösung angenähert werden soll. Dazu teilen Studien/Skizzen genaue Zeit-, Orts- und Untersuchungsangaben mit. Im Naturalismus werden beide Begriffe verwendet, um die Nähe von Kunst und Wissenschaft zu demonstrieren, die sich beide möglichst objektiv der Wirklichkeit widmen, das bedeutet auf dem Gebiet der Kunst, den Schöpfer des Kunstwerkes weitgehend auszuschalten.

Aufgabe 4 **

> In welchem Konflikt befindet sich Thiel? Beschreiben Sie ihn und die Lösung, die der Dichter bietet.

Der Bahnwärter Thiel geht seit zehn Jahren unauffällig seiner Tätigkeit nach. Nur zweimal ist er verwundet worden, sonst war er immer im Dienst. Sein Leben spielt sich in den strengen Grenzen von Pflicht und Disziplin ab. Vieles deutet daraufhin, dass er die Stellung als Bahnwärter nach Ableistung einer zwölfjährigen Militärzeit übernommen hat, wie es für altgediente Soldaten vorgesehen war. Nach einer kurzen ersten Ehe wird er in der zweiten zunehmend von bedrohlicher Technik, dämonischer Natur und den „rohe(n) Trieben" (7) seiner zweiten Frau bestimmt; er „wurde zuletzt in allem fast unbedingt von ihr abhängig" (7). Damit entstehen für ihn mehrere Konflikte: Der erste Konflikt entsteht aus den zwei Welten, in denen er lebt. Die eine Welt gehört der Toten, sie ist zum „geheiligten Land" erklärt worden; dort kann Thiel seinen Gefühlen und Erinnerungen leben. Die andere Welt ist die säkulare des Alltags, in dem Lenes Pragmatismus und ihre Triebe regieren, mit denen sie Thiel voll beherrscht. Alltägliche Situationen schlagen sofort um, wenn Thiel von Lenes „vollen, halbnackten Brüsten" und ihren „breiten Hüften" (14) gepackt wird. Selbst die Misshandlungen des kleinen Tobias, die ihn sonst erregen und denen er begegnen möchte, werden dann zu Gunsten der sexuellen Begehrlichkeit verdrängt. So entsteht für Thiel ein Konfliktbündel zwischen den beiden Frauen, den beiden Orten, Gefühl und Verstand, den beiden Kindern, zwischen Dienst und Familie und schließlich zwischen einer privat intimen Gefühlswelt, in der Thiel noch seinen eigenen Willen hat, und einer derb triebhaften Körperwelt, in der ihn fremder Wille überfällt.

Als er sein Kind und die zweite Frau ermordet, entsteht Willensfreiheit nur noch in den Grenzen des Wahnsinns. Mit dem wahnsinnig gewordenen Thiel, der in die Irrenabteilung eingeliefert wird, rückt Hauptmann eine wichtige, literarisch vernachlässigte Gruppe ins Blickfeld. Sie gehörte, wie auch andere gesellschaftliche Außenseiter, zu den soziologischen Bereichen (wie Prostituierte, Kranke, Ausgestoßene usw.), denen die Naturalisten besondere Aufmerksamkeit widmeten. Damit schildert der private Konflikt Thiels stellvertretend das soziale Erleben von Randgruppen der Gesellschaft.

Die zahlreichen Konflikte wirken sich auf Thiels Entscheidungsspielraum aus: Thiel verfällt den sinnlichen Reizen der zweiten Frau, die von animalischer Vitalität ist, und hat kaum noch Spielraum für eigene Entscheidungen; entschieden wird durch Lene. Tobias, das

Kind aus der ersten Ehe, wird dadurch zu Gunsten des Kindes aus zweiter Ehe vernachlässigt. Eigene Entscheidungen bleiben Thiel nur in der anderen Welt, wo es „Waldeinsamkeit" (15), das Bahnwärterhaus und das kleine Umfeld, „geheiligtes Land" (7) gibt, dort gibt er sich Träumen hin ebenso wie Erinnerungen an seine erste Frau. Dieser Ort ist Thiels „Kapelle" (8), in der die brutale und vernichtende, alle Vernunft ausschaltende, aber „unbezwingbar(e), unentrinnbar(e)" (14) Sinnlichkeit keinen Platz hat. Im Widerspruch zwischen den beiden Mächten Sinnlichkeit und Geist verschärfen sich die Konflikte, bis sie aufeinanderprallen: Thiel verstummt immer mehr, die Welt um ihn dämonisiert sich und die Bedrohung für ihn wird immer größer. Wird Thiel in der einen Welt von der erotischen Kraft der Frau bedrängt und in sexuelle Hörigkeit gezwungen, so ist die zweite Welt dämonisiert durch die zum Ungeheuer stilisierte Eisenbahn, die er zwar bedient, aber nicht beherrscht und die ihn wenig interessiert: „Er hat sich nie um den Inhalt dieser Polterkasten gekümmert." (25). Damit wird der Konflikt ins Philosophische gehoben: Thiel sieht sich mit entfremdeter Arbeit konfrontiert.

Thiels Geistigkeit wird in der Nacht rege, wenn der Mond „gleich einer blassgoldenen Schale zwischen den Wolken lag" (19); Lenes Triebhaftigkeit und unverwüstlicher Arbeitswille, einer „Maschine" (22) ähnlich, verlangt nach Tageslicht, dem blauen Himmel, „der wie eine riesige, makellos blaue Kristallschale" (23) das Sonnenlicht auffängt. Thiels und Lenes Lebensumstände sind die zwei Seiten einer Einheit: ohne Nacht kein Tag, ohne Verstand keine Leidenschaft, ohne Mann keine Frau. Indem ein Teil des Konfliktes jeweils vernichtet wird (Tobias auf Seiten des Gefühls, Lene und das Kind auf Seiten des Verstandes), hört der Konflikt auf, ohne gelöst zu sein. Lösung hätte ein belastbares soziales Bewusstsein bei Thiel bedeutet, die Bereitschaft zum Ausgleich bei Lene, die Übereinkunft für ein gemeinsames differenziertes Leben.

LITERATUR

Zitierte Ausgabe:
Hauptmann, Gerhart: *Bahnwärter Thiel*. Ungekürzter Text. Husum/Nordsee: Hamburger Lesehefte Verlag, 2008. (179. Hamburger Leseheft).

Primärliteratur:
Hauptmann, Gerhart: *Bahnwärter Thiel*. In: Gerhart Hauptmann: Sämtliche Werke (Centenar-Ausgabe) Hg. von Hans-Egon Hass. Bd. VI, Berlin: Propyläen, 1962–1974 (Nachdruck 1996)
→ Im vorliegenden Band zitiert als CA mit römischer Band- und lateinischer Seitenangabe
Hauptmann, Gerhart: *Ausgewählte Werke*. Hg. von Hans Mayer. Bd. 8: Erzählungen, Nachwort: Hans Mayer. Berlin: Aufbau-Verlag, 1962
Hauptmann, Gerhart: *Notiz-Kalender 1889 bis 1891*. Hg. von Martin Machatzke. Frankfurt a.M., Berlin, Wien: Propyläen Verlag, 1982
Hauptmann, Gerhart: *Tagebuch 1892 bis 1894*. Hg. von Martin Machatzke. Frankfurt a. M., Berlin, Wien: Propyläen Verlag, 1985

Ausstellungskataloge:
Gerhart Hauptmann. Leben und Werk. Eine Gedächtnisausstellung des Deutschen Literaturarchivs zum 100. Geburtstag des Dichters im Schiller-Nationalmuseum Marbach a. N. Hg. von Bernhard Zeller. Katalog Nr. 10. Marbach: Schiller-Nationalmuseum, 1962

Wirklichkeit und Traum. Gerhart Hauptmann 1862–1946. Ausstellung der Staatsbibliothek Preußischer Kulturbesitz Berlin. Wiesbaden: Reichert, 1987 (Ausstellungskataloge 31)

Lernhilfen und Kommentare für Schüler:
Bernhardt, Rüdiger: *Nicht nur Naturalist, keineswegs nur der Dichter der ‚Weber'*. In: Deutschunterricht. Magazin für Deutschlehrerinnen und Deutschlehrer aller Schulen. Berlin: Pädagogischer Zeitschriftenverlag, 1996, 49. Jahrgang, Mai 1996 (Heft 5), S. 251–258
Neuhaus, Volker: *Gerhart Hauptmann. Bahnwärter Thiel. Erläuterungen und Dokumente*. Stuttgart: Reclam, 2005 (1974) (Universal-Bibliothek Nr. 8125) → Sehr viele Wort-, wenig interpretatorische Erläuterungen.
Payrhuber, Franz-Josef: *Gerhart Hauptmann*. (Literaturwissen für Schule und Studium). Stuttgart: Reclam, 1998 (Universal-Bibliothek Nr. 15215) → Geeignet für die schnelle Information, in den Fakten nicht zuverlässig.

Sekundärliteratur:
Albrecht, Dietmar: *Verlorene Zeit. Gerhart Hauptmann. Von Hiddensee bis Agnetendorf*. Orte, Texte, Zeichen. Lüneburg: Institut Nordostdeutsches Kulturwerk, 1997 → Informative und populäre Darstellung, in der Hauptmanns Texte auf Örtlichkeiten bezogen werden.
Bernhardt, Rüdiger: *Gerhart Hauptmann. Eine Biografie*. Fischerhude: Verlag Atelier im Bauernhaus, 2007
Bernhardt, Rüdiger: *Bahnwärter, Narren und Ketzer. Gerhart Hauptmann als Epiker*. In: Kulturpolitische Korrespondenz, Bonn 1996, Nr. 973 vom 5. Juni, S. 3–7

LITERATUR

Bernhardt, Rüdiger: *Zwischen Trieben und Pflichten. Von Gerhart Hauptmanns ‚Bahnwärter Thiel' (1888) bis zu Paul Ernsts ‚Die Frau des Bahnwärters' (1916/28).* In: Carl und Gerhart Hauptmann Jahrbuch, Bd. 1, hg. von Krzysztof A. Kuczynski. Plock: Wissenschaftlicher Verlag der Staatlichen Fachhochschule, 2006, S. 85–102

Böckmann, Paul: *Der Naturalismus Gerhart Hauptmanns* (1955). In: Schrimpf, S. 217–249 → Gedrängte Beschreibung der naturalistischen Mittel in der ‚novellistischen Studie' unter Vernachlässigung der sozialen Elemente der Handlung.

Cowen, Roy C.: *Hauptmann-Kommentar zum dramatischen Werk.* München: Winkler, 1980

Cowen, Roy C.: *Der Naturalismus. Kommentar zu einer Epoche.* München: Winkler, 1973, Zu *Bahnwärter Thiel*: S. 142–147

Heerdegen, Irene: *Gerhart Hauptmanns Novelle ‚Bahnwärter Thiel'* (1958). In: Schrimpf, S. 260–277 → Betont die sozialen Ursachen für Thiels Verhalten, ohne alle Gründe dafür auszuweisen.

Hilscher, Eberhard: *Gerhart Hauptmann. Leben und Werk.* Berlin: Aufbau Taschenbuch Verlag 1996 (ergänzte Ausgabe von 1987, die wiederum eine völlig neu bearbeitete Ausgabe der ersten Ausgabe von 1969 ist.) → Gründliche Biografie des Dichters sowie vorbildliche Interpretation der Werke, Verwendung umfangreicher, bis dahin unbekannter Materialien.

Hoefert, Sigfrid: *Gerhart Hauptmann.* Stuttgart: Metzler, 1974 und öfter → Solides Nachschlagewerk für Leben und Werk mit kommentierten bibliografischen Angaben.

Mahal, Günther: *Naturalismus.* München: Wilhelm Fink Verlag, 1975 (UTB 363)

Mahal, Günther: *Experiment zwischen Geleisen. Gerhart Hauptmann: ‚Bahnwärter Thiel'.*(1888) In: Winfried Freund (Hg.):

Deutsche Novellen. Von der Klassik bis zur Gegenwart.
München: Wilhelm Fink Verlag, 1993 (UTB 1753), S. 199–219
Martini, Fritz: *Gerhart Hauptmann. Bahnwärter Thiel.* In: Ders.:
Das Wagnis der Sprache. Stuttgart: Ernst Klett Verlag, 1954,
S. 56–98 → Da Martini seine Untersuchung ausschließlich auf
einen Auszug aus dem Abschnitt III konzentrierte, verkannte
er die Gesamtanlage des Textes und erkannte z. B. nicht seine
naturalistischen Elemente, wie er auch andere Entwicklungen
der Naturalismus-„Studie" übersah.
Marx, Friedhelm: *Gerhart Hauptmann.* (Literaturstudium) Stuttgart: Reclam, 1998 (Universal-Bibliothek Nr. 17608)
Mayer, Hans: *Gerhart Hauptmann.* Hannover: Friedrich Velber
Verlag, 1967 → Zusammenstellung der Interpretationen des berühmten Literaturwissenschaftlers, der auch eine achtbändige
Hauptmann-Ausgabe herausgab.
Pfeiffer-Voigt, Mechthild (Bearbeiterin): C. F. W. Behl/Felix A.
Voigt: *Chronik von Gerhart Hauptmanns Leben und Schaffen.*
Würzburg: Bergstadtverlag Wilhelm Gottlieb Korn, 1993 und:
Nachtrag zur Chronik (...), a.a.O., 2002 → Wichtiges, aber auch
ergänzenswertes und korrekturbedürftiges Nachschlagewerk
für biografische und zeitgeschichtliche Angaben.
Requardt, Walter und **Machatzke, Martin:** *Gerhart Hauptmann
und Erkner.* Studien zum Berliner Frühwerk. Berlin: Erich
Schmidt, 1980 (Veröffentlichungen der Gerhart-Hauptmann-Gesellschaft, Bd. 1)
Rohlfs, Stefan: Reihe A: *Literarische Schauplätze Gerhart Hauptmanns,* hg. vom Förderverein Gerhart-Hauptmann-Museum für
das Gerhart-Hauptmann Museum Erkner, Blatt 1 ff. o. O., o. J.,
Blatt 1: *Der Ort Schönschornstein und die Novelle Bahnwärter
Thiel*

Schlenther, Paul: *Gerhart Hauptmann.* Leben und Werke. Neue Ausgabe umgearbeitet und erweitert von Arthur Eloesser. Berlin: S. Fischer Verlag, 1922
Schrimpf, Hans Joachim (Hg.): *Gerhart Hauptmann.* Wege der Forschung, Band CCVII. Darmstadt: Wissenschaftliche Buchgesellschaft, 1976 → Nützliche Zusammenstellung wichtiger Rezensionen und Aufsätze, so unter anderem von Theodor Fontane, Franz Mehring, Hans Mayer, Eberhard Hilscher und Irene Heerdegen.
Söder, Thomas: *Studien zur Deutschen Literatur.* LIT VERLAG: Wien 2008 → Zum ‚Bahnwärter Thiel' S.143–165; stark Martini verpflichtet.
Sprengel, Peter: *Gerhart Hauptmann. Epoche-Werk-Wirkung.* (Arbeitsbücher zur Literaturgeschichte). München: Verlag C. H. Beck, 1984 → Maßstab setzender Umgang mit Hauptmann, unter den Fallbeispielen findet sich eine Behandlung des ‚Bahnwärter Thiel' mit Literaturangaben, S. 186–194.
Sprengel, Peter: *Geschichte der deutschsprachigen Literatur 1870–1900.* Von der Reichsgründung bis zur Jahrhundertwende. München: C. H. Beck, 1998, S. 497–504
(Hervorragende Literaturgeschichte und präzise kurze Einführung in die ‚Weber'.)

Verfilmungen:
Bahnwärter Thiel. Fernsehfilm 1968.
ZDF-Produktion. Regie: Werner Völger.
Bahnwärter Thiel. Fernsehfilm 1982.
Fernsehen der DDR. Regie: Hans-Joachim Kasprik.

STICHWORTVERZEICHNIS

auktorialer Erzähler 52
Büchner, Georg Büchner-Rezeption 9, 27, 38, 39, 59, 79, 83, 109
Beamtenhierarchie 8, 60
Determination 24, 92, 111
Deutsches Reich 6, 8, 19, 21
Drama, soziales 6, 7, 30, 33, 83, 94
dramatische Struktur 47, 119
Drei, die (Zahl) 70, 72, 76, 91
Dreierbeziehung 91
Durch! 14, 27, 30, 38, 40, 81, 82, 94, 97
Eisenbahn 6, 8–10, 19, 24–26, 32, 33, 41, 71, 73, 81, 86–90, 113, 114, 123
epische Vorwegnahme 84, 91
erlebte Rede 53, 55
erregendes Moment 48
Erzählerbericht 52, 55
Erzählsituation 52
Exposition 48
Gegensätze, soziale 21
Gelegenheitsdichtung 30
Gesellschaft, Die 35, 37, 49, 66, 82, 85, 95, 108, 109, 119
„Gleichen-Problem", das 10, 91
Herrnhuter Brüdergemeine 12, 72, 89, 92, 93
Katastrophe 44, 45, 48, 55, 58, 87
Klassizismus 20
Konflikt 48, 55–57, 76, 84, 103, 104, 115, 116, 121, 122
Kunst = Natur – x (Formel) 26, 83
„Licht der Wahrheit" 9, 82
Materialismus, mechanischer 27
Milieutheorie 6, 9, 19, 27, 110, 113
Militär 121
Militärdienst 8, 12, 59
militärisch 31
Moderne 51, 87, 90, 97
Motive 52
Naturalismus 6, 7, 20, 22, 24, 33, 40, 49, 81–83, 95, 117
Naturalismus, konsequenter 81, 85
Novelle 30, 33, 38, 47, 49, 51, 65, 66, 94, 97, 100–102, 109, 118, 119
Ortsangaben 7, 35, 51, 52
personales Erzählen 52
poetischer Realismus 85

Psychoanalyse 84, 118
Reichsgründung 6, 19, 20
Religion 92, 93
Rougon-Macquart (Zyklus) 66, 70, 89
Seele 8, 60, 63, 69, 95
Sekundenstil 26
Skizze 27, 37, 49, 51, 85, 121
Soldat 70, 89, 121
soziale Gruppen, vernachlässigte 6, 19, 122
soziale Inhalte 83
Sozialistengesetz 6, 19, 22, 23
Stand, vierter 22
Steigerung 48
Studie 7, 10, 27, 32, 33, 35–37, 40, 47, 49, 51, 52, 55, 66, 81, 83, 86, 87, 89, 94–96, 100, 105, 106, 115, 117–119, 121

Symbole 52, 70, 76, 84, 89
Technik, moderne 9, 10, 21, 24, 33, 53, 72, 86, 87, 89, 90, 100, 113
Trieb, Triebhaftigkeit 56, 76, 100, 101, 110, 122, 123
Umgangssprache 76, 77
Vererbungslehre 6, 19, 24, 27, 33, 113
Verkehrssysteme 6, 19, 113
Verlagsmagazin Schabelitz 22
Zahlensymbolik 91
Zeitangaben 51, 74, 75, 77, 116
Zentren, großstädtische 20
Zivilversorgung 59, 65, 67, 71

EIGENE NOTIZEN

KÖNIGS ERLÄUTERUNGEN
SPEZIAL

Lyrik verstehen leicht gemacht

→ wichtige Prüfungsthemen in allen Bundesländern
→ ideal zur Vorbereitung

Umfassender Überblick über die Lyrik einer Epoche (mit Interpretationen)

Lyrik des Barock
Best.-Nr. 3022-8

Lyrik der Klassik
Best.-Nr. 3023-5

Lyrik der Romantik
Best.-Nr. 3024-2

Lyrik des Realismus
Best.-Nr. 3025-9

Lyrik der Jahrhundertwende
Best.-Nr. 3029-7

Lyrik des Expressionismus
Best.-Nr. 3026-6

Lyrik der Nachkriegszeit
Best.-Nr. 3027-3

Lyrik der Gegenwart
Best.-Nr. 3028-0

Bedeutende Lyriker: Einführung in das Gesamtwerk und Interpretation der wichtigsten Gedichte

Benn
Das lyrische Schaffen
Best.-Nr. 3055-6

Brecht
Das lyrische Schaffen
Best.-Nr. 3052-5

Goethe
Das lyrische Schaffen
Best.-Nr. 3053-2

Heine
Das lyrische Schaffen
Best.-Nr. 3054-9

Kästner
Das lyrische Schaffen
Best.-Nr. 3057-0

Rilke
Das lyrische Schaffen
Best.-Nr. 3056-3

Trakl
Das lyrische Schaffen
Best.-Nr. 3061-7

Die beste Vorbereitung auf Abitur, Matura, Klausur und Referat